eビジネス新書

No.428

週刊東洋経済

インフレ時代の資産運用&防衛術

週刊東洋経済 eビジネス新書 No.428

インフレ時代の資産運用&防衛術

本書は、東洋経済新報社刊『週刊東洋経済』2022年7月2日号より抜粋、加筆修正のうえ制作しています。情報は底本編集当時のものです。(標準読了時間 120分)

インフレ時代の資産運用&防衛術　目次

インフレ時代は現金・預金からのマネーシフト

「インフレ時代の禁じ手は、資産を現金・預金で持つこと」。こう語るのは、世界経済の動向や株式投資に詳しい複眼経済塾のエミン・ユルマズ塾頭だ。トルコ出身の同氏は、「インフレが激しいトルコでは、手持ちの現金を金のブレスレットへかえて資産価値を守る習慣がある」と話す。

インフレとはモノの値段が上がり、お金の価値が下がることだ。例えば今まで100円でバナナが買えたとしよう。インフレによりバナナの値段が上がり、120円になったとする。同じバナナを買うためには以前よりも20円多くお金が必要だ。バナナ(=モノ)の値段の上昇により、お金の価値は相対的に下がったといえる。

実際にフィリピン政府は6月8日、日本の小売業界の団体にバナナの価格引き上げを要請した。世界的なインフレにより、生産コストが上がっている点などが背景だ。バナナは価格が安定していることから「物価の優等生」といわれている。世界的なインフレの波が押し寄せている象徴的な出来事でもある。

なぜ世界中でモノの値段が上がっているのか。新型コロナウイルスによる供給の制約、ウクライナ侵攻による資源高、経済の再開に伴う需要増が主な要因として挙げられる。

供給制約では、コロナ禍が影響し鉱山や工場、物流といったサプライチェーン(供給網)が滞った。そのため、原材料や部品などが調達できなくなり、供給が減少。世界的な半導体不足が典型だ。

またウクライナ侵攻では、世界1位の天然ガス、同2位の原油輸出国であるロシアへの経済制裁を受け、供給不安が高まった。原油価格(国際指標となる米原油市場のWTI:West Texas Intermediate)は、2022年3月に、リーマンショック後の最高値を更新した。

さらに小麦の生産量ではロシアが世界3位、ウクライナが同7位だ。そうした小麦大国が戦争状態にあるため、食糧価格も上がっている。

日本のデフレは終焉

供給面だけでなく、需要面での影響もある。コロナ禍が収束に向かう中、経済活動の再開が進んでいるほか、サプライチェーンの混乱で過去に積み残した投資を挽回しようとする動きもある。

こうした結果、世界各国のインフレが深刻なものになっている。4月の消費者物価指数（CPI）の（前年同月比）上昇率は、日本が2・5％、米国が8・3％、ドイツが7・4％と、日米欧で物価が上昇している。価格転嫁の動きが早い欧米は先んじて高い上昇率を示しており、日本でもモノの価格が下がる「デフレ」から一転して、「インフレ」の波が押し寄せるのは確実だ。

◆世界各国でインフレが進んでいる
―主要国の消費者物価指数（CPI）上昇率―

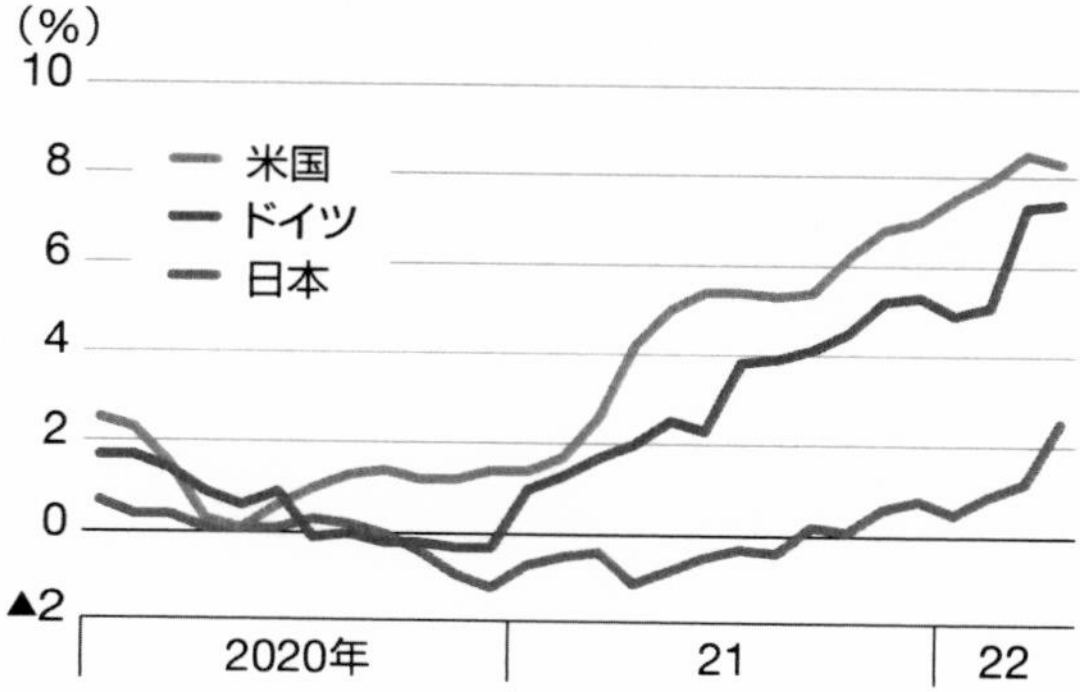

（注）前年同月比。▲はマイナス　（出所）総務省統計局「消費者物価指数」、各国政府の統計を基に東洋経済作成

インフレに対抗するためにはどうすればよいのか。ヒントとなるのが、日米の家計比較だ。

日本の家計は金融資産のうち、安全資産である現金・預金が54・3%で、リスク資産である株式等や投資信託がそれぞれ10・0%、4・3%しかない。つまり日本の家計は資産の半分を現金・預金で持っている。一方の米国の家計は、現金・預金が13・3%、株式等が37・8%、投資信託が13・2%と、資産の半分をリスク資産で持っている。

米家計の資産は3倍に

これまで、日米の家計資産の差は拡大してきた。1995年を1とすると、2016年までの21年間で米国家計の金融資産は3・32倍。一方で日本の家計は、1・54倍にとどまる。

◆ 日本の家計の金融資産は半分が現金・預金
―日本と米国の家計資産の内訳―

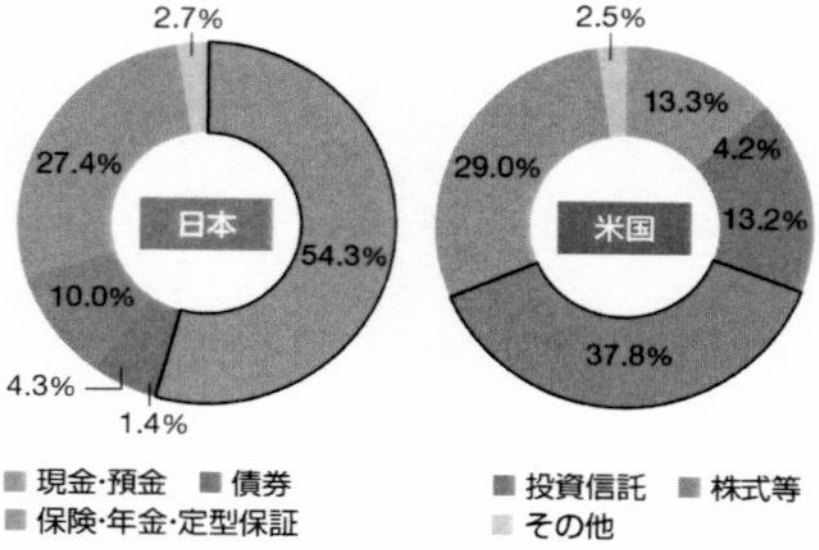

(注)2021年3月末時点
(出所)日本銀行「資金循環の日米欧比較」を基に東洋経済作成

◆ マネーシフトに積極的な米国は家計の資産が急増
―日米の家計金融資産の推移―

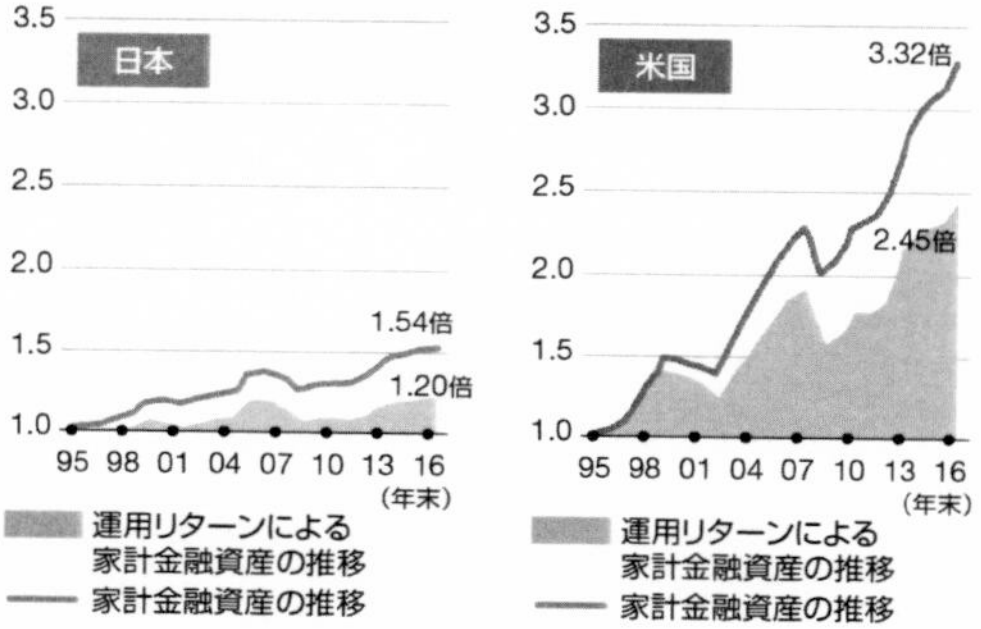

(注)1995年を1.0として算出
(出所)金融庁の2017年発表「金融レポート」を基に東洋経済作成

現金の価値が上がるデフレ状態が続いた日本だけに、資産を現金・預金で持つことには合理性があった。だが今後のインフレ時代には、現金・預金をリスク資産へと移す〝マネーシフト〟が欠かせなくなる。

では、どのようにインフレに克つマネーシフトを起こせばよいのか。投資先を選ぶうえで、インフレに強い資産、弱い資産を一覧表にしたのが次表だ。

◆ **マネーシフトを実現するには投資先選びが重要**
―各運用商品の特徴―

商品名	インフレに強い？弱い？	メリット	デメリット
現金・預金 （普通預金や定期預金など）	×	元本が保証される	低金利下のため運用方法としては不向き。円安による逆風も
外貨預金 （米ドルなど外国通貨での預金）	△	外貨建てでの元本を保証。足元では円安による恩恵も	為替リスクにより円換算での元本割れの可能性も
日本株 （上場企業の株式）	○	利回りの高さからインフレ時に強い	銘柄によってはリスクが大きい
外国株 （米国株が中心）	○	米国株は1株単位で購入でき少額投資が可能。足元では円安による恩恵も	制限値幅（ストップ高・ストップ安）がないうえ、為替リスクも
投資信託・ETF （先進国や新興国の株価指数などに連動）	○	複数銘柄に効率よく分散投資できる	アクティブファンドはコストに注意
債券 （日本国債や米国債、社債など）	△	株式よりも価格変動リスクは小さく、国債などは元本を保証	受け取れる利子率が決まっているため、インフレの進行で実質的な利回りが低下
不動産 （ワンルーム投資など実物資産）	○	インフレ時代には資産価格が上昇傾向に	流動性が低く、購入には多額の資金が必要
REIT （不動産投資信託）	○	少額から不動産投資が可能。キャピタルゲインが狙えるほか、配当収入も魅力	相場の変動が大きいうえ、災害リスクなども
金・コモディティー （実物資産のほか、投資信託やETFを通じても投資可）	○	インフレが続けばさらなる価格上昇も	相場の変動が大きいうえ、配当収入はない
暗号資産	△	少額から投資可能で、24時間いつでも取引できる	価格が乱高下するうえ、金利がつかない

お金の価値が下がるインフレ時には、現金・預金が最も弱い資産となる。また足元では円安の恩恵があるとはいえ、外貨預金も同じ理由で弱い。債券も受け取れる利子率が決まっているため、インフレの進行で実質的な利回りは低下する可能性がある。

一方で株式や投資信託、ＥＴＦ（上場投資信託）、不動産、ＲＥＩＴ（不動産投資信託）、金・コモディティーなどが、インフレ時の資産防衛には有効といえる。いずれも元本割れする可能性はあるものの、時間をかけて投資すればリスクを抑えられ、運用成績は確実なものに近づく。税優遇が受けられるｉＤｅＣｏ（個人型確定拠出年金）やＮＩＳＡ（少額投資非課税制度）といった制度をうまく活用すれば、運用成績はさらに上向く。

マネーシフトを後押ししようと岸田政権も動き出している。政府は２２年６月に「資産所得倍増プラン」の策定を発表。ｉＤｅＣｏやＮＩＳＡの拡充が見込まれている。

・少額投資非課税制度（ＮＩＳＡ）の改革
・ｉＤｅＣｏの加入対象年齢引き上げ

・貯蓄から投資へのシフトを促し資産増を

〝インフレ時代に笑う人〟になるために、本誌では迫り来る物価高を乗り越える、強い家計のつくり方を取り上げる。

（林　哲矢）

INTERVIEW

「現金主義から脱却しよう　長期投資こそ王道の備え」

経済評論家・山崎　元

世界的なインフレが進行する中、どのように資産を運用すべきか。経済評論家の山崎元氏は、「最低限の現金を手元に置き、残りはインデックスファンドに投資を」と説く。

【ポイント】
・インフレ時代、現金を持つことは不利に
・どのような局面、年代でも投資手法は同じ
・取れるリスクに応じて投資配分を決めよう

――インフレが進む中、資産運用の注意点を教えてください。

まず押さえておきたいのは、現預金に対する考え方だ。物の値段が上がり、現金の価値が下がるインフレは、現金保有に対する課税のようなもの。したがって、インフレ時に現金を多く持つのは得策ではない。

ただし、インフレだから、デフレだからといって運用方法を変える必要はまったくない。運用業界にとってインフレリスクは老後不安と同じく有力なマーケティング手段の1つ。不安をあおられないよう気をつけよう。売ったり、買ったりすることが投資だとどうしても思いがちだが、長期的にリスクに応じた収益を積み上げる（リスクプレミアムを集める）ようにするのが投資の鉄則だ。

――では実際にどのように投資に臨めばよいのでしょうか。

下げ相場のときには資産に占める株式の割合を減らそう、上げ相場のときには増やそうとしても、必ずうまくいくわけではないというのが年金運用など長期運用の世界の常識。株価の上昇・下落、インフレ・デフレなど諸々の動きを気にせずにポートフォリオを組み、長期運用した結果、リスクを取った分、リターンが得られればいい。
例えば低成長の時代でも、低成長であることが株価に反映されており、リスクに見合ったリターンがあるはず。逆に高成長の時代は高成長であることが株価に反映され、期待リターンはそんなに高くない。どちらの局面に投資すべきかわからないのだから、どちらの局面にも対応できるよう両方に分散投資しておくのが正解といえる。

——その観点からいうと、どのような金融商品を選ぶべきですか。

リスクを絶対に取りたくない人は個人向け国債を買えばいいが、実際にリスクがまったく取れない人は少ないだろう。したがって、3～6カ月分の生活資金を確保し、それ以外を手数料の低い全世界株式のインデックスファンドに投資しよう。具体的には「eMAXIS Slim 全世界株式（オール・カントリー）」などが挙げられる。各国の時価総額に合わせて自動的に投資の割合を調整してくれるので、分散されたポートフォリオを実現できる。
以前は日本株、外国株と分けて投資することを勧めていたが、今は米国の株価が上がれば、日本の株価が上がるというように日本株と米国株との関係が深く（相関係数が高く）なっている。日本株、外国株と分けて投資することによる効果は小さくなった。

――リスクを避けたい場合の運用候補として、変動金利型の国債を挙げられています。

債券投資において、インフレによる長期金利の上昇が一番のリスク。固定金利型の長期の債券はインフレに弱い。だが変動金利型はインフレになったときに長期金利に66％まで追随し、1年持つと元本割れしない。「個人向け国債　変動金利型10年満期」は、インフレによる金利上昇リスク対策として強力だ。

預金金利が上がれば、預金で資産を持っておくという選択肢もある。だが、銀行には破綻のリスクがあり、預金の一部が保証されない可能性がある。その点、国は国債の借り換えができ、破綻はしない分、個人向け国債は預金よりも安全だ。

――手元に置く現金以外について、インデックスファンドと国債とをどのくらいの割合で保有すべきでしょうか。

個人の運用では、資産配分を比率で考えるのは不適切だ。どれくらいのリスクを取れるのかという金額で考えないといけない。そもそも運用の目的は将来に備えてお金をなるべく増やすこと。将来、何に使うかは後から考えることで、まずは効率よく増やせばいい。

例えば年収や資産が同じでも、健康状態が違えば取れるリスクは違う。おのおのが取れるリスクに合わせて預金やインデックスファンド、国債などをポートフォリオに組み込もう。年齢や運用経験、保有資産額によって選ぶべき運用商品が違うということはない。

効率的に投資するという意味では「2世代運用」もおすすめだ。子と親の資産を合体させて、親の資産でリスクを取りながら運用計画を考えるといい。

——資産運用を取り巻く世界経済の行方について、どのようにみていますか。

FRB（米連邦準備制度理事会）による利上げが一番の注目点だ。利上げでインフレを止めるといっても最適な加減はFRBもわかっていないはずだ。利上げの行き過ぎで、社債の暴落など大きなショックが引き起こされる可能性もある。ただし、市場にショックが起きたときは、利上げのペースが緩む、あるいは緩和に転じるだろう。

国内では日本銀行による金融緩和の見直しがリスクだ。金利が上がれば株価の下落やデフレに戻る可能性を認識する必要がある。

〈山崎流資産運用のシンプル3原則〉

① 3～6カ月分の生活資金を確保、それ以外は運用に回す。

② 運用資金は、手数料の低い全世界株式のインデックスファンドに投資。例えば、「eMAXIS Slim ：全世界株式（オール・カントリー）」など。

③ 投資のようなリスクを取りたくない場合は、個人向け国債変動金利型10年満期に投資する選択肢も。

（聞き手・大竹麗子）

山崎　元（やまざき・はじめ）

1958年生まれ。東京大学経済学部卒業。楽天証券経済研究所客員研究員。マイベンチマーク代表。資産運用や経済一般などの分野で活躍。

リスクとリターンと「期間」がカギ

ポートフォリオの最善手

ニッセイ基礎研究所 上席研究員 チーフ株式ストラテジスト・井出真吾

投資においてはリスクとの向き合い方が重要になる。「投資は怖い」と考える人の多くは「リスクが怖い」のではないか。リスクは「正しく恐れる」ことが肝心だ。そこで知っておくべきなのが、「投資期間が長いほど、リスクとリターンの関係が改善する」ことだ。

リスクとリターンの関係

投資信託の説明書には、「リスク20%」や、「リターン5%」といった情報が書かれている。これは、1年当たりのリスクやリターン（利回り、収益率）の大きさだ。リスクは収益の振れ幅で、リスクが高いと価格が大きく上昇する可能性がある一方、大幅下落の可能性も高くなる。

投資期間が2年、3年……と長くなればリスクとリターンの大きさも変わる。例えば、ある投資信託の年率リターンが5％の場合、10年後のリターンは約63％（＝1・05の10乗−1）で、年率リターンの約12・5倍になる。

一方、リスクが年率20％の場合、10年後のリスクは約63％（＝20％のルート10倍）で、年率リスク20％の約3・2倍と、リターンほど大きくならない。その結果、リスクに対するリターンの大きさは、投資期間1年の0・25倍から、10年では0・99倍と大きく改善する。投資期間20年なら1・85倍だ。つまり、短期ではハイリスク・ハイリターンでも、投資期間が長くなるとミドルリスク・ハイリターンになる。これが「長期投資ほど有利」な理由だ。

次に、「年率リスク20％」「10年後のリスク63％」とはどういう意味なのか説明しよう。

◆ 投資期間が長いほどリスクとリターンの関係が改善
―リターン年率5%、リスク年率20%の場合―

投資期間	リターン（利回り）	倍率	リスク（変動幅）	倍率	リターン÷リスク（倍）
1年	5%	1.0	20%	1.0	**0.25**
5年	28%	5.5	45%	2.2	**0.62**
10年	63%	12.6	63%	3.2	**0.99**
20年	165%	33.1	89%	4.5	**1.85**

（注）倍率は「投資期間１年」の何倍かを表す

◆ 長期投資なら元本割れリスクはほぼなくなる

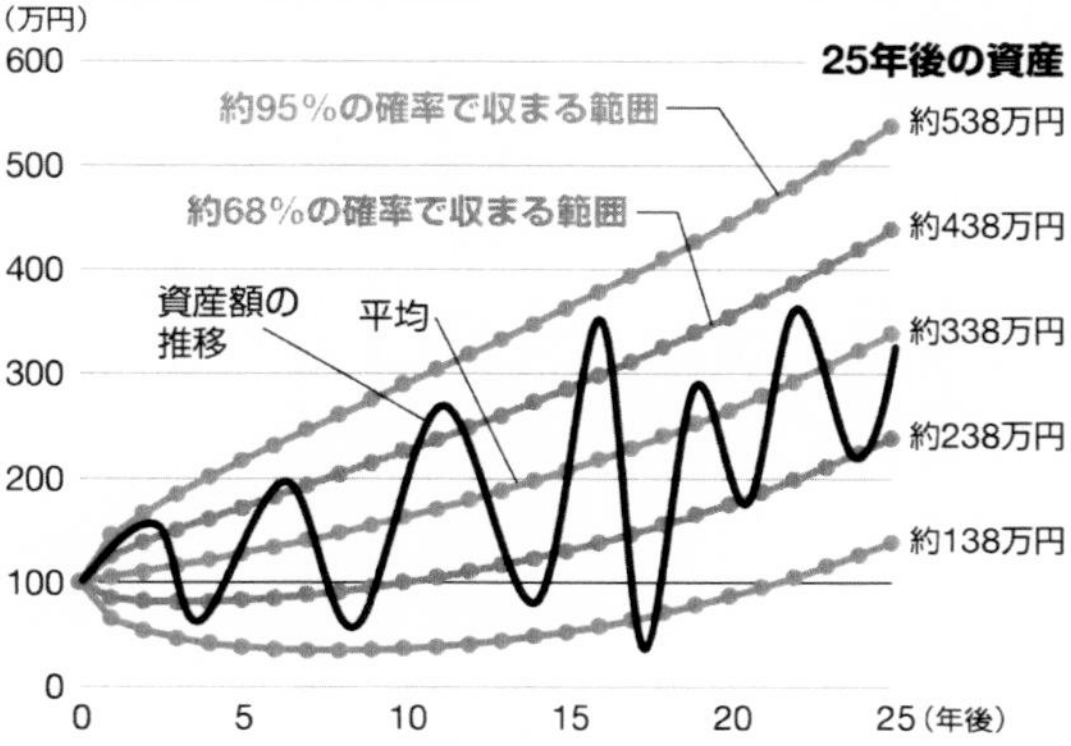

（注）リターン年率5%、リスク年率20%の投資信託に100万円投資した場合の資産分布の理論値

先の図表下のグラフは、リターン＝年率5％、リスク＝年率20％の投資信託に100万円を投資して保有し続けた場合の資産額の分布範囲を表したものだ。5本の線のうち中央の緑の「平均」は「毎年のリターンが5％ちょうどだった場合」だ。元本の100万円が1年後に105万円、2年後は約110・25万円（100×1・05×1・05）と増えていき、10年後は約163万円、20年後には約265万円となる。いわゆる複利効果だ。

しかし、この投信のリスクは20％なので、毎年必ず5％のリターンとはいかない。残りの4本はリスクを加味した場合で、外側の2本（赤の線）は「約95％の確率でこの範囲に収まる」、外側から2番目の2本（青の線）は「約68％の確率でこの範囲に収まる」ことを示す。つまり25年後の資産額は、平均約338万円で、約95％の確率で約538万円と約138万円の間に収まり、約68％の確率で約438万円と約238万円の間に収まるということだ。

ここで、投資家が最も気になるのは「損失の可能性」だろう。外側の2本よりもさらに外側になる確率は上下合わせて約5％（＝100％－95％）なので、いちばん下の線よりも資産額が少なくなる確率はその半分の約2・5%だ。いちばん下の線は、21年後が約95万円、22年後は約105万円なので、この投信を22年間保有し続ければ元本割れの可能性は理論上約2・5%未満になる。同様に25年後には元本100万円が約97・5%以上の確率で少なくとも138万円よりも多くなる。ちなみに金利0・002%の定期預金だと、25年間の利息はたったの400円ほどだ。ATM手数料の4回分にもならない。

リスクで変わる投資配分

では、リスクの取り方に応じて実際にどのようなポートフォリオ（投資配分）にすればよいか。

◆ 自分に合ったリスクとリターン
―リスク水準別の最適ポートフォリオ―

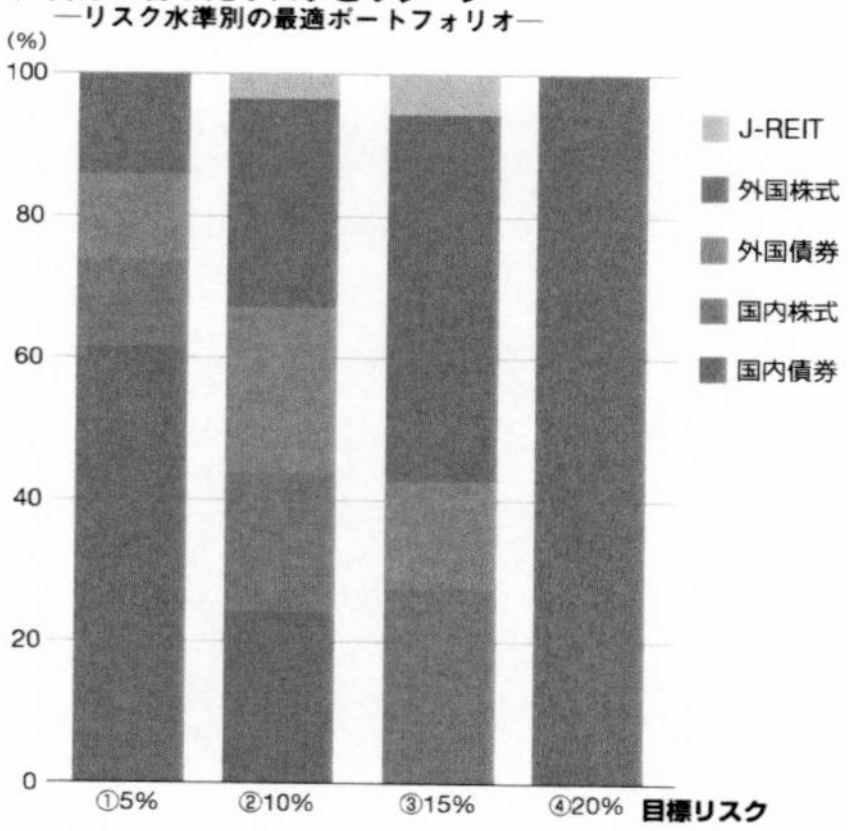

目標リスク	期待リターン	国内債券	国内株式	外国債券	外国株式	J-REIT
①5%	2.1%	61%	13%	12%	14%	0%
②10%	3.6%	23%	20%	23%	30%	4%
③15%	5.1%	0%	26%	15%	53%	5%
④20%	6.0%	0%	0%	0%	100%	0%

(注)最適化に用いた条件は下表のとおり

◆ 過去の実績から導いた期待リターンとリスク
―最適ポートフォリオ構築の前提条件―

	国内債券	国内株式	外国債券	外国株式	J-REIT
期待リターン	0.5%	5.0%	2.5%	6.0%	4.0%
リスク	2.0%	17.2%	9.1%	18.9%	18.1%

(注)期待リターンは筆者設定、リスクは2000～21年の実績値、相関係数は紙幅の都合で掲載していない。国内債券はNOMURA-BPI国債、国内株式はTOPIX、外国債券はFTSE WGBI(日本を除く)、外国株式はMSCI-ACWI(日本を除く)、いずれも配当再投資ベース

先の図では、リスク水準別の最適ポートフォリオを示した。「最適」とは、いちばん下の表の前提条件下で「目標リスクに対して期待リターンが最も高いポートフォリオ」という意味だ。ここで用いた前提条件のリスクは過去20年間の実績値を基に算出した。当然、期待リターンなどの前提条件を変えれば最適ポートフォリオも変わる。あくまで1つの参考としてほしい。

中段の表では、目標リスクが高いほど期待リターンも高く、株式（とくに外国株式）の構成比が大きいことがわかる。例えば目標リスク5％の場合、ポートフォリオの期待リターンは2・1％で、投資先の内訳は国内債券が61％を占める。残りは国内株式13％、外国債券12％、外国株式14％だ。リスクを抑えるために国内債券を多く保有する結果、期待リターンも低くなる。

リスク15％を許容すると、国内債券の比率はゼロに減り、株式が79％（国内株式26％、外国株式53％）に増え、J－REIT（日本版不動産投資信託）の比率も5％に増える。国内外別では海外投資（外国株式と外国債券の合計）が68％で、全体の3分の2を超える。高リスク資産への投資が増える分、ポートフォリオ全体の期待リターンが5・1%まで高まったわけだ。さらに目標リスクを20%まで高めると、5つの投資対象のうち最もリスクが高い外国株式100%で頭打ちとなる。

投資期間に応じた戦略を

前図のように、一般にリスクが高いほどリターンも高い。言い換えると、高いリターンを狙うには相応のリスクを覚悟しなければならない。どのくらいのリスクを取りたいかは人によって異なるし、長期投資が有利といっても年齢的に10年か15年程度の投資期間が現実的というケースもあるだろう。

そこで、最適ポートフォリオごとに「最悪の場合」を示したのが次図だ。

◆ 16～18年後には下限もプラスに

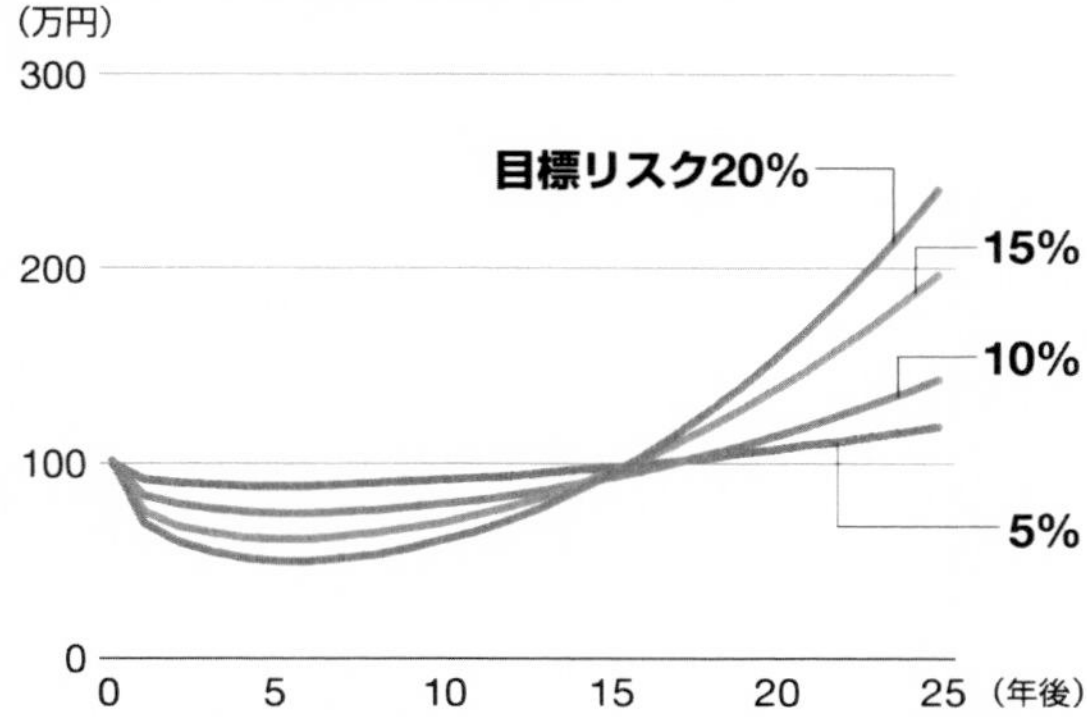

(注)100万円を投資した場合、約97.5%の確率で収まる資産額の下限

各線は、おのおのの最適ポートフォリオについて、先の図（長期投資なら元本割れリスクはほぼなくなる）で、いちばん下の線に相当する、「約97・5％の確率で収まる資産額の下限」を示す。

これを見ると17年後以降はすべてプラスになっていることから、それ以上の運用期間を予定するなら基本的にリスクの高いポートフォリオで高リターンを狙うのがよいだろう。40歳くらいまでの人が老後資金を蓄える目的なら、目標リスク20％が有力な選択肢になる。

こんな実例がある。ある会社員は40歳になる目前に確定拠出年金で資産運用を始め、当初からほぼ一貫して全額を株式（主に外国株式）に投資してきた。運用開始から10年まではリーマンショックなどで元本割れしたこともあるが、その後は含み益の状態を維持している。コロナショックで株価が急落した20年3月も元本割れはせず、今年、ロシアによるウクライナ侵攻開始で日経平均株価が2万5000円割れまで下落した際もまったく動じなかったという。これが長期投資の強み、醍醐味だ。

もちろん、運用期間が長いからといって必ずしも高リスクのものを選択する必要はない。

投資経験のない人が「頭ではわかっているが、やっぱり怖い」と感じるのも当然だ。多くの場合、「投資アレルギー」が原因なので、まず少額・低リスクの商品から始めて「投資に慣れる」ことをしてみてはどうだろうか。安全運転で投資を続けるうちに、投資について多くのことを学ぶ機会があるだろうし、その間に免疫もつくだろう。それには数年かかるかもしれないが、投資になじみが薄い日本人にとっては、投資は「習うより慣れよ」でもある。

一方、運用期間を10年程度以内にする場合は、リスクを抑えたポートフォリオを選択するのが賢明かもしれない。例えば先の図で目標リスク5％の場合、5年後の88・6万円がボトムになる。元本100万円に対して1割強の損失を抱える可能性はあるが、5年後の資産額の平均値は111万円なので、1割強の利益を得られる可能性も十分にある。

投資期間が短くても資産の一部を高リスクのポートフォリオとする方法もある。預貯金の4分の1だけを目標リスク20％で投資すれば、資産全体では5％のリスクを取っているにすぎない。預貯金を合わせた資産全体で考えることも大事だ。

最後に、年齢などの理由で投資期間の短い人が陥りがちなのが、「一発当ててやろう」「手っ取り早く儲けよう」というわなだ。

暗号資産、ＦＸ、個別株、レバレッジ型投信などの短期売買で儲かることもあるが、いずれも投資ではなく「投機」だ。投機は株式などの価格変化を利用して取り引きするだけなので、儲かる人と損する人の合計損益はゼロになる。

筆者は投機を止めるつもりはないが、投機で勝つのはそうとう難しいと肝に銘じてほしい。仮に投機で儲かっても大抵は「ラッキーパンチ」にすぎない。

井出真吾（いで・しんご）

1993年東京工業大学卒業、日本生命保険入社、99年ニッセイ基礎研究所出向。『株式投資長期上昇の波に乗れ！』『40代から始める 攻めと守りの資産形成』など著書多数。

GPIFのポートフォリオの中身

22年7月1日にGPIF（年金積立金管理運用独立行政法人）が2021年度決算を公表した。ロシアのウクライナ侵攻や、FRB（米連邦準備制度理事会）の金融引き締めなどを背景に、株価が下落しているが、年間の運用収益はプラスを確保しそうだ。収益額は第3四半期末（21年12月末）時点の5・4兆円からは減少する可能性もあるが、2001年度以降の21年間の成績は、14勝7敗となる。

運用方針を2度変更

GPIFは現在、運用の基準となる資産配分（基本ポートフォリオ）を国内外の株式と債券に25%ずつと定めている。従来は運用の安全性を優先するため国内債券（主に日本国債）を60%としていたが、国債利回りの極端な低下などを背景に2度変更した。1回目の14年11月には国内債券を35%に減らす一方、国内外の株式をそれぞれ12%から25%ずつに倍増し、外国債券の比率も11%から15%に高めた。利回りが見込めない日本国債から、ある程度のリスクを承知で株式などにシフトした。

その後、株価が下落した15年7~9月（チャイナショック）や18年10~12月（米中貿易摩擦の激化）に大幅な損失が発生し、「ギャンブル性が高い」などの批判が噴出したが、GPIFは淡々と基本ポートフォリオを順守した運用を続けた。そして20年4月には再び国内債券の比率を下げ、外国債券を25%までさらに高めた。

もし2度の変更を実施しなかったら、どのような収益結果になっていただろうか。GPIFの詳細な売買内容は公表されていないので、各資産の運用ベンチマーク指数の収益率（配当込み騰落率）を用いて試算してみた。

◆ 14年以降、資産配分を2度変更
—GPIFの基準ポートフォリオ—

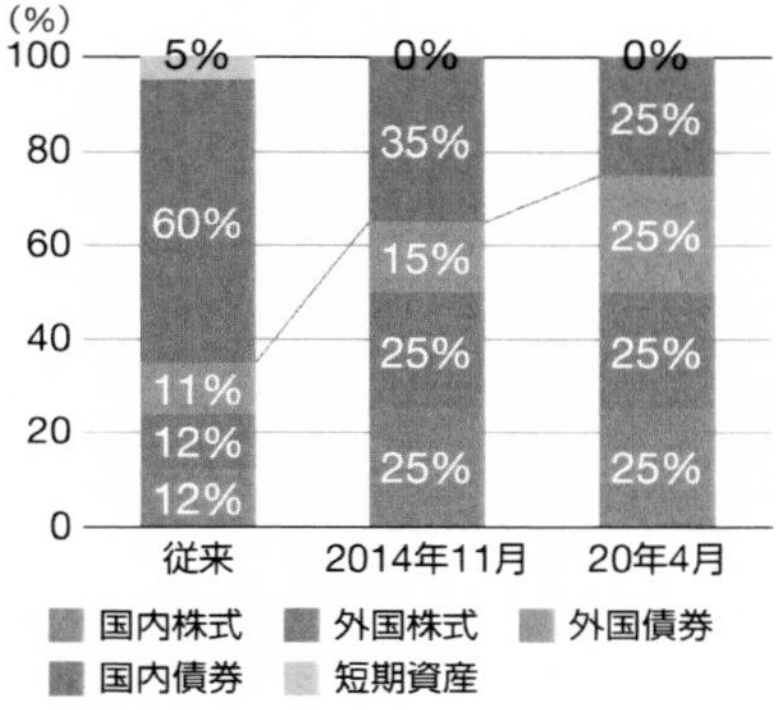

（出所）GPIF

◆ 変更効果はプラス30兆円超 —資産の推移—

（注）2014年10月末＝100、各資産のベンチマーク収益率から試算、為替ヘッジは考慮せず　（出所）GPIF、Morningstar Directを基に筆者試算

結果は前図のとおり。株式の投資割合を増やすと発表した14年10月末を100とすると、「変更前」は22年3月末時点で125・6。対して、「2度の変更あり」では149・3と、と23・7ポイントも高い。1回目の変更直前（14年9月末）の運用資産総額（約130兆円）をベースに考えれば、約30・8兆円のプラス効果となる。

株式の比率を50％に高めた「2度の変更あり」のほうがコロナショックやウクライナ侵攻による株価急落の影響をより受けているが、約7年半のトータルで見れば、株式や外国債券を増やしたことによる資産価値への弊害は認められない。年度ベースでも6勝2敗という成績だ。

従来どおり日本国債中心の運用なら、単年度の大幅損失の批判は受けずに済むかもしれない。しかし、超低金利の日本国債に資産の過半を投資し続けることは、国民の大事な財産である年金積立金を預かる者として責任を全うしているとはいえないだろう。

そして長期投資が前提のＧＰＩＦの運用方針は、老後に備える個人の資産形成にも参考になる。

（井出真吾）

投信・ETFの基本の「キ」

資産形成に欠かせないポートフォリオを組むときに、検討したいのが投資信託やETFだ。投信やETFを使えば、複数の資産に効率よく分散投資できる。

投信は、複数の投資家から集めた資金をまとめ、運用の専門家(ファンドマネジャー)が株式や債券などに投資し運用するもの。その数は約6000種類で、各証券会社や銀行によって取り扱う商品は異なる。毎日公表される基準価額を基に取引し、売買や保有に伴い手数料が発生する。

投資対象は日本株や海外債券に特化したものや、異なる投資対象で構成するバランス型など多岐にわたる。日経平均株価や東証株価指数(TOPIX)などの指数に連動した運用成果を目指す「インデックス型」と「ヘルスケア」など特定のテーマに沿い、市場平均よりも高いリターンを目指すよう独自運用する「アクティブ型」に大別される。これら商品の運用成果が投資家それぞれの投資額に応じて分配される仕組みだ。損益は投資家に帰属し、元本は保証されないので損失を計上することもある。

一方、ETF（Exchange Traded Fund：上場投資信託）は、証券取引所に上場する投信のこと。株式と同じくリアルタイムで価格が変動する。2022年6月時点で東京証券取引所に上場する銘柄数は264で、インデックス型が多い。投信に比べると手数料や信託報酬は低いとされる。

豊富な種類の中から選び、じっくり投資するなら投信、投信のメリットを享受しつつも株式のように機動的に取引する可能性があるならETFを選ぶというように、使い分けるとよいだろう。

◆ 投資信託とETFの特徴と違い

	投資信託	ETF
上場・非上場	非上場	上場
種類	約6000（金融機関により異なる）	約260
取得価格	1日1回算出される基準価額を適用	リアルタイムで変動する取引価格
取引場所	証券会社や銀行など	証券会社
取引時間	販売会社により異なるが、ネット証券なら常時取引可能	東証の取引時間に準拠
最低投資金額	購入窓口、買付方法により異なる。積み立てなら月100円からも可	数万円から。投資単位は銘柄により異なる
購入時手数料	ファンドにより異なる。現在はネット証券を中心にノーロード（販売手数料無料）も目立つ	証券会社の手数料を適用。対面に比べてネット証券は割安な傾向
保有時手数料	ファンドにより異なる。アクティブ型に比べてインデックス型は低率	銘柄により料率は変わる。投資信託に比べると低率
売却時手数料	銘柄により信託財産留保額や換金手数料が発生	証券会社の手数料を適用。対面に比べてネット証券は割安な傾向

（出所）各種資料を基に筆者作成

投資の税制優遇も活用

税制優遇を受けながら投信・ETFで運用するなら、「iDeCo（個人型確定拠出年金）」と「NISA（少額投資非課税制度）」を検討したい。

iDeCoは、公的年金にプラスして給付を受けられる私的年金制度の1つ。加入は任意で、始める場合は証券会社に専用口座を開設する。投資対象は定期預金やiDeCo向けに提供する投信、保険など。自身で商品を選び、運用する。掛け金は毎月5000円から拠出できるが、働き方や加入する保険により上限は異なる。自営業者は月6万8000円だが、会社員・公務員、専業主婦（夫）は1万2000〜2万3000円と幅がある。65歳まで拠出でき、60歳以降に老齢給付金として受け取る。なお、60歳までは原則的に資産は引き出せない。

◆ iDeCoとNISAの制度概要

	iDeCo	つみたてNISA	一般NISA
運用期間	加入から65歳まで（10年の延長可）	20年間（最長）	5年間（最長）
投資上限	月1.2万～6.8万円（年14.4万～81.6万円）	年40万円	年120万円
対象商品	定期預金・iDeCo用の投信・保険	長期投資に適すると金融庁が認めた投信・ETF	株式・投信・ETF・REIT
税制優遇	掛け金、運用益、受取金	運用益	運用益
途中換金	原則不可	いつでも可能（非課税枠の再利用は不可）	いつでも可能（非課税枠の再利用は不可）
資金の引き出し	60～75歳	いつでも可能	いつでも可能

（注）iDeCoの投資上限は職業や加入する年金制度により異なる
（出所）各種資料を基に筆者作成

◆ **iDeCoの拠出限度額の違い**

対象者		月額	年額
自営業者など（第1号被保険者・任意加入被保険者）		6万8000円	81万6000円
会社員・公務員など（第2号被保険者）	勤務先に企業年金がない会社員	2万3000円	27万6000円
	企業型DCのみに加入している会社員	2万円	24万円
	確定給付年金（DB）と企業型DCに加入している会社員	1万2000円	14万4000円
	DBのみに加入している会社員	1万2000円	14万4000円
	公務員など	1万2000円	14万4000円
専業主婦（夫）（第3号非保険者）		2万3000円	27万6000円

（出所）各種資料を基に筆者作成

・iDeCoの最大の特長は、「掛け金」「運用益」「受給時」の3段階で税制メリットがある点。掛け金は全額所得控除で、運用益（利子・配当・売却益）も非課税扱い。受給時に一時金を選ぶと「退職所得控除」、年金を選ぶと「公的年金等控除」の対象になる。一方、加入・移管時手数料2892円、毎月の手数料171円、金融機関の口座管理料（各社で異なる）などの費用がかかり、運用商品によっては元本割れのリスクがある。金融機関によりコストや商品ラインナップは異なるので、吟味して口座を開きたい。

一方のNISAは運用期間・投資上限が異なる「一般NISA」と「つみたてNISA」の2種類がある。対象商品も違い、前者が個別株・投信・ETF・REIT（不動産投資信託）なのに対して、後者は長期投資に適すると金融庁が認めた投信・ETFに限られる。4月26日時点でつみたてNISAの対象商品数は213だ。

一般NISA、つみたてNISAとも利用するには証券会社などに口座を開く必要がある。ただし、両者を併用することはできない。個別株に投資したい、株を売買して売却益を狙いたいなら一般NISA、20年間かけて長期でコツコツと投資するならつみたてNISAという選択になるだろう。税制優遇は運用益の非課税のみだが、iDeCoと違いいつでも換金・資金の引き出しが可能だ。

国の政策も追い風

なお、iDeCoは2022年10月から企業型確定拠出年金（企業型DC）制度との同時加入の要件が緩和され、24年12月からは確定給付型の他制度を併用する場合（公務員含む）、iDeCoの拠出限度額が月1・2万円から2万円に変更。つみたてNISAは24年1月から口座開設可能期間が5年間延長される。また一般NISAも24年1月から口座開設可能期間が5年間の延長に加え、積立投資枠が年間120万円、自由投資可能枠が年間102万円という、「2階建て」へと変わる。国が進める「貯蓄から投資へ」に合わせるかのように、使いやすい制度になっていく。

（ライター・大正谷成晴）

【Q&A】持っている資産は今後どうする？

ファイナンシャルプランナー／FP相談ねっと代表・山中伸枝

お金がないから将来が不安だと訴える人が多い一方、実際自分はいくら持っているのかを把握していない人も多い。少なくとも自分の資産残高は年に一度はすべて確認したほうがよい。どこの銀行に預金がいくら、どこの証券会社に投資信託がいくら、借り入れも含め定期的に情報をアップデートすることで、実際いくら足りないのかを把握できるし今後の貯蓄計画も立てやすくなる。

【Q1】株や投資信託、塩漬け状態だが今後どうすればよいか？

投資をしたはいいが、塩漬けにしたままどうしたらよいのかわからなくなっているという人もいるだろう。資産運用に詳しいファイナンシャルプランナーの野原亮氏は、「塩漬けというのは、予想に反して値が下がったことへの焦り、なぜ買ってしまったのかという自分に対する怒り、その後の諦めに至ることをいい、この状態は思考停止になっている」と指摘する。したがって今後の展開を考えるためには、マインドを整理していく必要がある。その株を買ったことを後悔しているか？　過去に戻れたらまたその株を買うか？　自問自答した後で改めて、「今、もう一度その株を買いたいか、まだ持ち続けたいのか」を考えるというステップを踏むのが大切だ。「世界地図を逆さにしてみると、まるで違う世界が見えるように、株価チャートも上下逆さまにして違う視点からその株を見てみるのもお勧めです」（野原氏）。冷静な気持ちになったら、改めて主力事業がどうなのかなど調べてみるとよい。

【Q2】「親の財産」は今後どうすればよいか？

自分のお金よりも親のお金のほうが気になるという現象もある。年末に実家に帰ると、古くなった建物に暮らす年老いた親の姿を見て、今後が心配になるのだ。確かに、親が十分なお金を持たずに介護状態などになったら、子どもが資金援助をしなければならなくなる。そのため、家族みんなで親のお金を把握することは重要だ。

例えば、「何かあったらこの家を売ってお金にすればいい」とのんきに構えているのはよくない。不動産があると安心感を覚える人も多いが、親が認知症になったら、親名義の自宅は売ることも貸すことも、リフォームさえも難しくなる。

実際に認知症になったら、親の財産は凍結される。通帳と印鑑を預かればいいとか、キャッシュカードの暗証番号を教えてもらっておけば大丈夫などと思わず、資産全体を把握し、これからどのような暮らしを考えているのか、万が一のときはどんなケアを希望するかなどは聞いておこう。そのうえで、親の資産でそれらをすべて賄えるか、賄うとしたら今後親の状態がよくなくなったときにどう対応するかも考えておく必要がある。

親の保険契約の指定代理請求人の設定も急ぎたい。これは病気やケガなどで、突然、意思表示ができないような状態に陥ったとき、契約者に代わって保険金請求ができる制度だ。お金の工面ができないために人生の選択肢が減るようなことは、避けたいものだ。

親のお金については、「元気なときに」話をするのがポイントだ。切羽詰まったときにお金の話を持ち出すのは、精神的にもつらい。家族みんなが笑って集まれるときにお金の話もしておきたい。

【Q3】会社で加入した確定拠出年金や年金の戦略はどうすればいい?

自分がいくら持っているか、わからないものの中に年金がある。社会保険労務士でファイナンシャルプランナーの井内義典氏は、「年金の価値を過小評価している人が多い」と指摘する。年金といえば老齢年金をイメージしがちだが、年金給付には遺族年金や障害年金もある。とくに会社員の場合、厚生年金からの給付が国民年金からの給付に上乗せされるので、かなり手厚いものになっている。

「定年後も継続雇用で働くなら、さらに年金を増やせるし、受給開始時期を繰り下げれば年金額が割り増しされる。そういうことを知っていれば、これからのライフプランに生かせる」(井内氏)

まずは、「ねんきん定期便」や、「ねんきんネット」で自分の年金情報を確認したい。また、年金はいくらもらえるのか、何歳まで働くといくらになるかなどを、年金事務所に相談するのもお勧めだ。

仮に70歳まで繰り下げて、基本的な生活が賄える水準まで割り増しできれば、それ以降のお金の心配はしなくてもよいことになる。そうなれば、対策は70歳までの資金繰りのみとなるので、取り組むべきことが明確になる。

制度変更も上手に活用

年金といえば確定拠出年金も軽視されがちだ。会社型で加入している人は、会社からいくら掛け金を拠出してもらっているか知らないという場合が多い。iDeCoは任意加入なので把握できていると思うが、節税メリットにだけ飛びつき、よくわかっていない人がけっこういる。それでは、せっかくの確定拠出年金も宝の持ち腐れだ。

確定拠出年金は老後のためにお金を運用して増やす仕組みだ。掛け金を拠出する際の税制優遇、運用益の非課税制度、受取時の税制優遇など、資産を効率的に増やしていくための支援だ。まず、確定拠出年金の加入状況を把握し、「元本確保型」と呼ばれる、減らないが増えない商品にお金を入れっぱなしという人は、これを機に投資信託などにシフトしたい。

さらに確定拠出年金は、今年から公的年金の被保険者であれば65歳までの加入が可能になった。定年後も働けるのであれば、できるだけ長く加入を続けたい。10月からは、会社型の確定拠出年金に加入している人たちにも、iDeCoの併用加入が認められるようになる。個人のお金を上乗せできるマッチング拠出制度にあまり魅力を感じなかったという人も、上限月2万円（会社の掛け金と合算して5・5万円以内）であれば、iDeCoで資産形成ができるようになる。受取開始時期も75歳までに拡大され、非課税で運用できる期間も大幅に延びた。

転職予定の人は注意点がある。転職時にはすべての運用商品を売却し、会社型から資金を引き出してiDeCoなどへ移換することになる。その時点の市況の影響を受けるので、運用商品は元本確保型など資産価値が変動しないものに換えておきたい。

低リスク商品への変更は、60歳以降で受け取りが近づいている人も同様だ。

山中伸枝（やまなか・のぶえ）

米オハイオ州立大学ビジネス学部卒業。ビジネスパーソンのためのライフプラン相談、講演を数多く手がける。『定年後のお金の教科書』など著書多数。

老後資金は5000万円も?

フィナンシャル・ウィズダム代表／ファイナンシャルプランナー・山崎俊輔

今ほど老後に向けた資産形成や経済的安定への期待が高まっている時はない。いわゆる「老後２０００万円問題」は公的年金に上積みする老後資産の形成の重要性を教えてくれた。近年若者を中心とするＦＩＲＥブームも、資産運用を活用した早期からの資産形成を促している。ちなみにＦＩＲＥとは Financial Independence, Retire Early の略で、経済的独立と早期リタイアを目指すマネープランのことだ。

しかし、インフレ時代において資産運用のルールには大きな変化が生じることを今の現役世代は知らない。急速に進むインフレをきっかけに、２０年以上にわたって不要だった「新しい投資のルール」を押さえる必要がある。

まず、資産運用の成果については「インフレ率控除後の実質リターン」を考えよう。リスクを取った資産運用の成績はこれまで、そのまま自分の資産価値の増加を意味していた。運用で4％増えれば資産価値も4％増える。当たり前の感覚だった。

ところがインフレ時には、3％のインフレが生じたときに3％のリターンを得ても、「実質的にはプラマイゼロ」と考える視点が必要になる。年6％増やして「これは大きく増えた」と考えるのではなく、インフレ率を横目に見て「実質的にはプラス3％（＝6％－3％）」だと考える。

言い換えれば、インフレ率3％のときに、年0・01％の定期預金は利息分お金が増えているわけではない。それどころか「実質マイナス2・99％」と理解する必要があるのがインフレ時代だ。

インフレ率を考慮した視点はなかなか持ちにくい。物価上昇率は毎年変動するため一律ではないし、何年か積み重なるとさらに比較は難しくなる。だが、インフレ時代には「実質的な運用成績は何％か？」という意識が欠かせない。

資産運用における次のテーマは「目標額の上方修正」だ。これも低インフレ、デフレ時代には必要がなかった発想だ。

例えば「老後に2000万円」という資産形成目標があったとする。実はこの目標、2010年でも20年でも基本的には変化がなかった。インフレがなかったからだ。

しかし、30年あるいは40年以降を見据えた老後資産の形成目標は、インフレの影響を受けると考えなければならない。

現在の「老後に2000万円」は、公的年金に月5万〜6万円程度を上乗せしてセカンドライフを過ごすイメージだった。だが、物価上昇によりその必要額は上昇する。

仮に年2・5%の物価上昇が10年続くと、「老後に2000万円」ではなく「老後に2560万円」が必要となる。これが20年継続すると、「老後に3277万円」へと大きく化けてしまう。

インフレ率がさらに高いと目標額も大きくなる。年5%のインフレが続くとすれば、「老後に2000万円」が10年で「老後に3258万円」、20年で「老後に5307万円」まで上昇する。

ウソのようだが毎年5％の値上げが20年続くと、1000円のラーメンは2650円に値上げされる。インフレにより、老後に必要なすべてのコストが大きく上がると覚悟しなければならない。

今までは、資産運用で増やせば増やすほど目標へ近づくという感覚だった。だがインフレ時代の到来で、目標がインフレによって遠ざかることになる。

カギは現役時の積立増額

「老後5000万円」の目標を達成するには、高利回りの運用収益の確保が必要となる。インフレ局面では確かにプラスリターンを得やすくなるだろうが、インフレ超過リターンとして見たときには、アベノミクスのようなデフレ時代と同等に収益を確保し続けられるとは思わないほうがいい。

だとすればもう1つ重要な対策は積立額の増額だ。毎月2万円の積み立てをして将来に備えている人は、物価が10％上がれば毎月2・2万円を積み立てるのだ。

ところが、物価上昇時の積立増額は簡単ではない。何せ物価上昇によって毎月の生活コストがアップし、家計の出費は増えているからだ。油断していると積立増額どころか、積立減額ないし積み立て停止ということもある。まずは日々の家計をしっかり管理し、iDeCoやつみたてNISAへの拠出を維持するよう努めたい。

そのうえで増額を検討していく。最初のタイミングは来年春の賃上げだ。インフレに応じた賃上げが実現したら、拠出額もすかさず増額しよう。

物価上昇に追随して積立額を自動で増やしてくれる金融商品というのはなかなかない。積立増額のためには手続きが必要だ。積立定期預金、積立投資信託、財形貯蓄、社内持ち株会、iDeCo、つみたてNISA、企業型DCのマッチング拠出など、いずれも増額は自分で手続きする必要がある。この一手間が将来の資産形成の成否を大きく分けることになる。

◆ インフレ時代、「老後に2000万円」は「老後に5000万円」に化ける可能性も

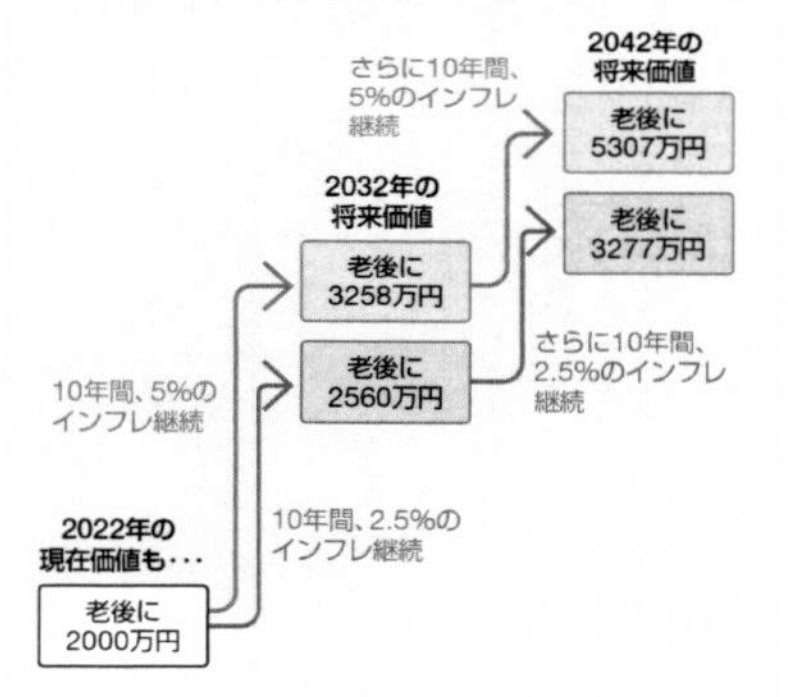

◆ インフレに備え、資産形成の計画をどう修正するか

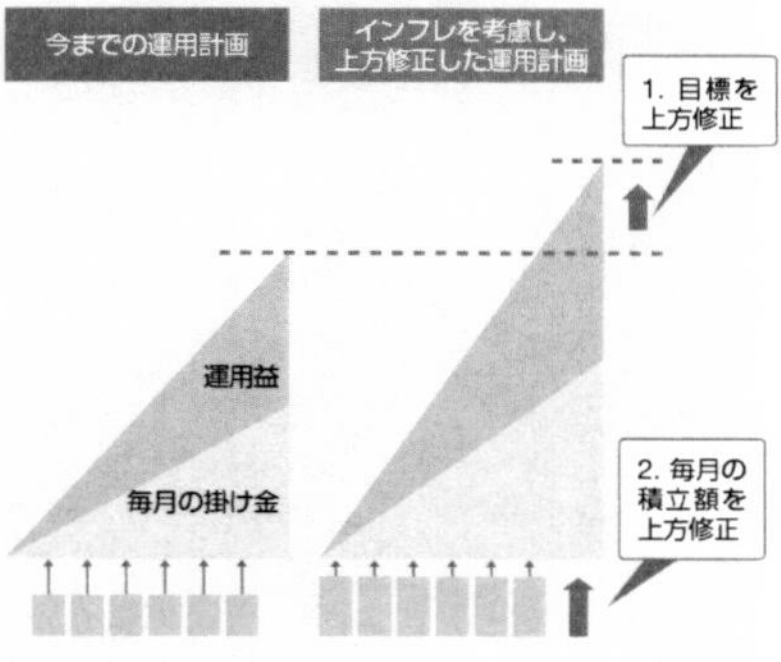

投資スタイルについては、インフレ時代もｉＤｅＣｏやつみたてＮＩＳＡを通じた長期・積み立て・分散投資の戦略が有効だ。経済の成長率はインフレ率を上回ると考えられる（短期的にはともかく、インフレ率を下回る経済成長率が長期的に続くことは考えにくい）。また、株価が激しく騰落を繰り返すような不安定な時期ほど、自動的な積立投資の継続が結果として奏功する。相場をウォッチして買い時売り時を見極めるのは難しいためだ。定期的な積み立てで分散投資を継続し、長期的な経済成長によるリターンを確実に得よう。

日本では金融ビッグバン以降、個人の資産運用が広まったが、インフレを意識した資産運用という考え方はなかったといっていい。１０％増やせば１０％の資産増と考えればよかった時代はシンプルでわかりやすかった。だが、そういう時代は終わった。これからはインフレと付き合いながら運用する時代なのである。

山崎俊輔（やまさき・しゅんすけ）
１９７２年生まれ。中央大学法学部卒業。企業年金研究所やＦＰ総研を経て２００１年独立。全国紙などで連載。著書に『普通の会社員でもできる日本版ＦＩＲＥ超入門』など。

【資産の防衛術】スマホ、保険、年金…

資産を守る家計見直し術

フィナンシャル・ウィズダム代表／ファイナンシャルプランナー・山崎俊輔

食品や消耗品の値上げが相次いでいる。インフレに備えた家計の見直しをいよいよ考えなければと思案中の方も少なくないだろう。しかし、日々の買い物を控えるくらいでは効果に限界がある。もっと大きな効果が得られるものはないだろうか？

その1つが通信料の見直し。スマホでは電話をめったにかけないのであれば、プランを見直したい。家族や友人間では無料通話ができるアプリを使っているケースが多いのなら、定額で通話し放題のサービスはもはや要らないだろう。

また格安スマホにしていないという人なら、今こそ行動を起こすべきだ。MVNO（仮想移動体通信事業者）と呼ばれる格安の料金を設定する事業者も多いが、大手キャリアがサブブランドとして格安の料金プランを展開している。切り替えただけで料金が半額になるという事例も少なくない。デメリットとしては、キャリアメールが使えなくなるくらいだろう。

通信費のほかにも、光熱費をまとめたり、契約先を替えたりするだけで、支払額が抑えられるものはある。その延長で考えれば、行かなくなったジムの会費や、すでに興味を失ってしまっている各種サブスクもぜひ見直したい。

「家計の見直しといえば節約」と考え、毎日の買い物で少しでも安いものを買おうと思っている人が多い。しかし、料金プランの設定を変えてその後の料金をずっと安くするほうがよっぽど効率的に支出を抑えられる。変更にかかる時間も、長くて数時間だ。それだけのことで家計見直しの効果が持続するなら、やってみる価値はあるだろう。

設定を変えるといえば、保険も同様だ。保険商品に詳しいファイナンシャルプランナーの寺田紀代子氏は、自動車保険の効率的な入り方を見落としている人が案外多いと指摘する。

例えば、未婚の息子が就職で車を必要とするケース。同居の家族で11等級以上の人がいれば、セカンドカー割引を利用できる。新規で自動車保険に入るときは等級が6等級で始まるが、セカンドカー割引を使えば7等級で始められる。割引率は保険会社によって異なるが、損害保険料率算出機構の参考純率は、前者が3％割り増し、後者が38％割引となる。

同居の親や祖父母の高い等級を若い世代に適用することもできる。とくに10～20代前半の自動車保険料は割引率が低いので、契約方法の工夫をぜひ考えたい。

◆ “セカンドカー”扱いにして保険料を節約
―子どもが新車を購入する場合（参考純率）―

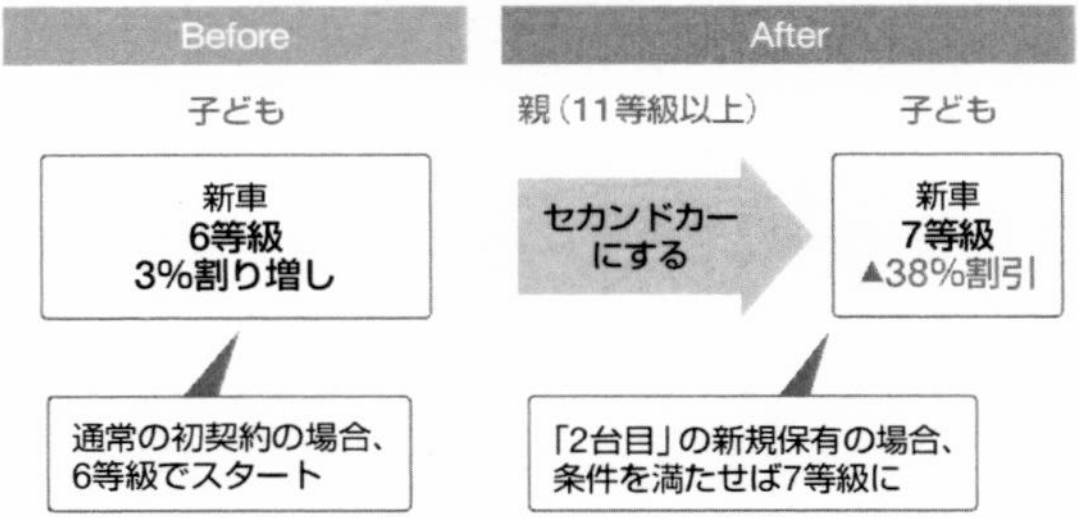

将来の出費を節約

家計の見直しは、現在の支出を減らすことだけではない。今後起こりうる経済的損失に保険なり貯蓄なりで手当てしておくことも、将来お金を節約することにつながる。家計の見直しが気になったタイミングで、長生きに備えたお金の対策も考えるといい。

その1つが生命保険だ。生命保険に関して「人生100年時代が到来したにもかかわらず、保障が60歳で終了する契約が多い」と寺田氏は指摘する。家族の生活を守るために加入する生命保険だが、晩婚化で、60歳でも子が中学生ということもありえる。「保険は60歳まで」と安易に考えてはいけない。定年後も就労収入を当てにするつもりなのであれば、各種保険も維持すべきだろう。共済など、60歳以上も月数千円で加入できる商品もある。当然、生命保険料は所得控除の対象にもなる。長生き時代は、保険の保障期間にも〝長生き〟してもらう必要がある。

公的年金は65歳から受け取らずに、遅らして受け取る「繰り下げ」を選ぶと、年金額を増額することができる。平均寿命が延びる中、少しでも多くの年金を受給したいと考えれば、受取開始時期が70歳なら、65歳開始で受け取る年金額の1・42倍、75歳開始なら1・84倍の金額になる。年金受給までの間、働いて収入が得られるなら、繰り下げで年金額を増やしたほうがいいだろう。

一方、年収が増えると当然ながら税金や社会保険料の負担も増える。75歳から適用される後期高齢者医療制度では、医療費の自己負担は1割だが、現役並みの収入があれば3割になる。さらに10月からは一定の所得があると2割負担となる。年収200万円前後が対象といわれているが、実際に年収がこのラインを超えてくると、介護を受ける場合の自己負担も1割から2割になる。

働きすぎて病気となり、さらに医療費負担も重くなる――。そうした悪循環は避けたいところだ。

家計を見直して浮かしたお金も、単純に消費に回してはもったいない。そこで、投資に回すという選択肢がある。ここでも家計の見直しと同様、賢く進めていきたい。

1つが、岸田文雄首相が提唱する「資産所得倍増プラン」で期待されるNISAだ。とくに、非課税期間が20年と長期で投資タイミングを分散できるつみたてNISAは、これまで投資経験がない人でも始めやすい。何しろ投資対象は金融庁が定めた基準をクリアした投資信託のみなのだから、地雷的な金融商品をつかまされる心配がない。

通常、利息や運用益などは、元本を上回った分に20・315%の税金がかかるが、つみたてNISAなら、運用益に税金がかからず、メリットは大きい。年間投資額は40万円（月3万3333円以内）、世界経済の成長の恩恵が受けられるバランスファンドを買って20年間投資を継続すれば、結構なお小遣いになるのではないだろうか。

人生100年時代のお金との付き合い方は、「虫の目」「鳥の目」「魚の目」で考えたいものだ。

早くも固定金利は上昇

住宅ローン「借りすぎ老後」にご用心

生活設計塾クルー取締役／ファイナンシャルプランナー・深田晶恵

2022年2月から住宅ローンの固定金利がじわりと上昇している。世界的な金利上昇を受けて、日本の長期金利もわずかに上がったからだ。

住宅ローンの固定金利は長期金利に、変動金利は日銀の政策金利（短期金利）に連動する。住宅ローン利用者の大半が変動金利型だ。この人たちは、変動金利に動きがないため、固定金利が上昇傾向であることに気がついていない。しかし、変動金利型の利用者にとっても金利上昇はリスク。本格的な上昇の前に対策する必要がある。

変動金利で住宅ローンを組んでいる人の適用金利は、借りた時期により0・5％前後や1％前後などさまざまだ。日銀の政策金利に連動する変動金利の本来の金利（店頭金利または基準金利）は、２００９年以降2・４７５％が続いている。各行の競争激化により「優遇」という名目で金利が割り引かれる。この数年でローンを組んだ人の適用金利は、０・５％前後と破格に低い。この間、固定金利は全期間（３５年）固定が1％台前半、１０年固定は1％弱だったので、０・５％の変動金利は魅力的に映ったはずだ。

変動金利で借りる人は「金利は当面上がらないだろうから、史上最低の変動金利をギリギリまで利用して、上がる前に固定金利に切り替えればお得」と考える。ところが「ギリギリまで変動金利で得する」のは現実的に難しい。変動金利（短期金利）が上がるときには、その数カ月前から固定金利（長期金利）が上がり始めるという経済の約束事があるからだ。

昨今の物価上昇を受けて、日銀は政策金利を引き上げるだろうか。黒田東彦総裁は金融緩和を当面続ける方針のため、すぐに利上げを実施する可能性は低いといえる。とはいえ、このまま物価上昇が続き、企業の賃上げが実行されると、いつかは利上げが行われるだろう。

政策金利の引き上げ、引き下げは、0・25％刻みが原則である。本格的にインフレとなり、日銀が政策金利を引き上げるとして、4回利上げすると変動型の住宅ローン金利は1％上昇となる（0・25％×4回）。

今後金利が上昇すれば、住宅ローン利用者の家計と負担にどのような影響が出るか。5年前に変動金利で住宅ローンを組んだ人の例で、金利上昇の影響を見てみよう。

◆ 金利上昇で毎月返済額と60歳時残高が増える

ケース1 現在40歳、5年前にローンを組んだフルタイム共働きのAさん夫婦

借入額：6000万円、変動金利0.5%、返済期間35年
毎月返済額　15万5751円

金利がずっと変わらなかった場合		金利が1%上昇し、11年目以降1.5%と仮定	
60歳時残高	毎月返済額	60歳時残高	11年目以降の毎月返済額
約1823万円	変わらず	約1956万円	17万5629円

ケース2 現在50歳、5年前にローンを組んだBさん（妻はパート）

借入額：5000万円、変動金利0.5%、返済期間35年
毎月返済額　12万9792円

金利がずっと変わらなかった場合		金利が1%上昇し、11年目以降1.5%と仮定	
60歳時残高	毎月返済額	60歳時残高	11年目以降の毎月返済額
約2964万円	変わらず	約3033万円	14万6358円

（出所）各種資料を基に筆者作成

前図のケース1は、フルタイム共働きのAさん夫婦。35歳のときに6000万円を借り、返済開始10年で金利が1%上がると仮定すると、毎月返済額は15万5751円から約2万円増の17万5629円となる。

共働きなら月2万円くらいの負担増は何とかなると思うかもしれない。確かに10年間もの間、0・5%という超低金利で返済ができると、1%くらい金利が上がっても返済できないほどの返済額アップにはならない。

だが実は、史上最低水準の変動金利の落とし穴は別のところにある。借りすぎリスクだ。6000万円という借入額は、共働きでも多額である。その自覚なしに借りすぎてしまっているのは、史上最低の変動金利で返済期間を最長の35年にするからだ。

Aさんは35歳時に35年返済のローンを組んだので、完済時年齢は70歳。仮に金利変動がまったくないとしても、60歳時点でのローン残高は約1823万円だ。しかし前述の「11年目以降1%アップ」なら、60歳時点でのローン残高は約1956万円に増える。

繰り上げ返済すればいいと考えるかもしれないが、子どもがいれば教育費負担は年々増えるし、繰り上げ返済資金とは別に老後資金も貯めなくてはいけない。長期の返済期間のローンは、目先の返済額は少なくて済むが、60歳以降に負担を先送りするだけである。

ケース2のBさん（妻はパート）は、45歳のときに5000万円を「変動金利 × 35年返済」で借りた。完済時年齢は80歳である。

年収が高いBさんだけに、毎月12万9792円の返済額は大きな負担ではなかった。しかし60歳時点でのローン残高は、金利変動がなかったとしても約2964万円となる。

11年目以降に1％上昇だと、ローン残高は約3033万円になる。また月々の返済は14万6358円に増加。年金生活での毎月の返済は生活を厳しくする。

3000万円もの残高は、退職金で一括返済できる金額ではない。仮にできたとしても、老後資金の原資がなくなってしまう。

「80歳で一括返済」のわな

変動金利ローンは仕組みが複雑だ。仮に適用金利が上昇しても5年間は返済額が変わらない。変わるのは返済の内訳。利息額が増え、その分元金充当額が減る。つまり金利が上昇すると、当初選んだ返済期間では残高がゼロにならない。

実は契約書には「最終回で一括返済をすること」と書いてある。つまり先送りしてきた元金充当不足分を、70歳や80歳という完済時に一括して支払う必要がある。専門家でも扱いが面倒な仕組みを持っている。

では、「借りすぎ老後リスク」をどう乗り越えればよいか。アドバイスをまとめた。

まず、60歳時残高を複数の金利パターンで試算する。教育資金を捻出しつつ、老後資金を貯めることができ、60歳時残高が500万円程度なら大きなリスクではない。65歳まで働けば、年金生活に入る前に完済できるだろう。それ以上の残高になりそうなら、勤務先の退職金・企業年金の制度を調べること。さらに60歳以降の再雇用制度の有無、その場合の給与の見込みも可能な限り調べる。

面倒なことばかりと思うかもしれないが、住宅ローンは確実に借金だ。老後貧乏を避けたければ、早めの手当てが必要だ。

もう1つ確認したいのは、配偶者の貯蓄だ。とくに50代のパート主婦は、パート収入を自分のお小遣いと位置づけてまったく貯めていない例が多い。老後にも負担が残る事実を夫婦で共有し、妻のパート収入は老後資金として貯蓄することを勧める。勇気を出して情報共有しよう。

最後にこれから住宅購入を考えている人へのアドバイスを。借りすぎリスクを避けるためには、10年固定もしくは全期間固定の金利タイプを選び、返済期間を65歳までにしよう。この条件で算出した毎月返済額を支払えそうにないなら、借りすぎのシグナルだ。物件価格の見直しが必須だ。

【まとめ】変動金利で借りている人が今すぐチェックすべきこと

・複数の金利パターンで60歳時残高と返済額を試算

・勤務先から退職一時金、企業年金はいくらもらえそうか

・60歳以降の再雇用、収入の見込み
・配偶者は貯蓄をしているか

深田晶恵（ふかた・あきえ）
1967年生まれ。外資系電機メーカーを経てFPに。生活密着型コンサルが専門。『住宅ローンはこうして借りなさい』『記入式　年金生活ビギナーのための家計練習帳』など著書多数。

「使いながら運用」の最適解

老後資産の取り崩し方

合同会社フィンウェル研究所 代表・野尻哲史

退職世代にとってインフレは現役世代よりも深刻だ。インフレで現役世代の賃金が上昇しても、退職世代の公的年金の受給額の上昇幅は、制度上、賃金上昇率以下に抑えられてしまう。

退職世代の生活を示す等式として、生活費 ＝ 勤労収入 ＋ 年金収入 ＋ 資産収入というのがよく使われる。インフレで生活費が上昇すれば、3つの収入増でカバーしなければならない。ただ、勤労収入増には年齢的な限界があり、年金収入増も前述のとおり限界がある。そこで資産収入に期待がかかるが、資産運用をしている高齢者でも、多くが保有資産の資産収入化、すなわち資産の取り崩し方法にほとんど知識を持っていない。

今の70代が主に行っている「年金のほかに毎月10万円のお金を取り崩す」といった、定額資金の取り崩しは実情に合わなくなった。保有資産が現預金の場合に有効だが、50~60代の3割弱は有価証券を保有しているからだ。

インフレにより「少しでも運用を継続して、インフレリスクに対応しよう」と考えるだろう。そして退職後も有価証券で運用しつつ、一部を引き出して生活費に充てる「使いながら運用する」ステージに入るはずだ。


そのとき、古い感覚のまま引き出しを行うのは危険だ。海外では、退職後の資産の引き出しの際、想定外に元本を毀損する「収益率配列のリスク」が指摘されている。

例えば運用期間20年で年平均収益率3%を目指しても、毎年3%の収益率にはならない。運用開始期の収益が3%を下回っているのに定額引き出しを続けると、想定以上に元本が減る。その後、3%を上回る収益率を得ても、元本が減っている分、残高は回復しない。結果として、「平均収益率は計画どおり3%だが、元本は想定以上に毀損」することがありうる。これが「収益率配列のリスク」だ。

その対策として最も知られているのが、引き出し額を「定額」にせず、残高に対する「率」で決める方法だ。「定率引き出し」と呼ばれ、価格が上昇して残高が増えたときには多く引き出し、価格が下落したときには引き出し額を小さくして運用残高への影響を抑えられる。結果、平均収益率が計画どおり3％を達成できれば、元本は当初の想定どおりの金額となる。

しかし、定率引き出しでは引き出し額が不安定で、運用資産が小さくなれば引き出し額そのものも小さくなる懸念がある。

「バッファー資産」を用意

そこで、それに備える資産を別途用意するアイデアがある。資産をすべて運用に回す人はほとんどいない。保有資産を①運用する資産と、②万が一のときに使う「バッファー資産」に分ける。

◆ **バッファー資産で補填** ―老後資産の取り崩し例①―

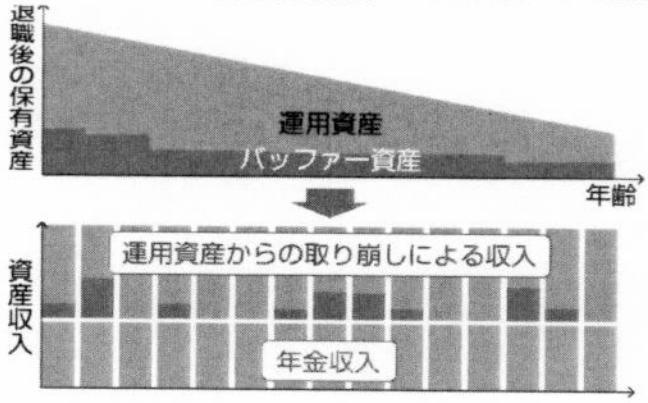

定率引き出しで変動する取り崩し額をバッファー資産で補填するアイデア
運用資産+バッファー資産の合計で見ると、運用しながら行う定額引き出しと同じ
=リスクは低下するが、資産総額は大きくする必要が出てくる

（出所）合同会社フィンウェル研究所作成

◆ **運用資産が途中で枯渇したら** ―老後資産の取り崩し例②―

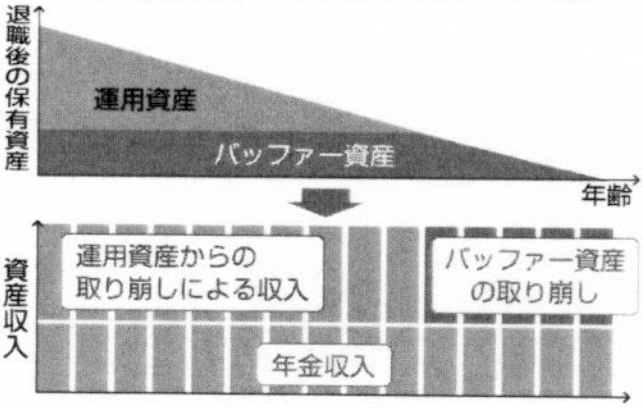

運用資産を取り崩しの対象に
=途中で運用資産が枯渇したら、バッファー資産で後の生活をカバーする
=バッファー資産として何を保有するかが課題に

（出所）合同会社フィンウェル研究所作成

◆ **より受け入れやすいアプローチ** ―老後資産の取り崩し例③―

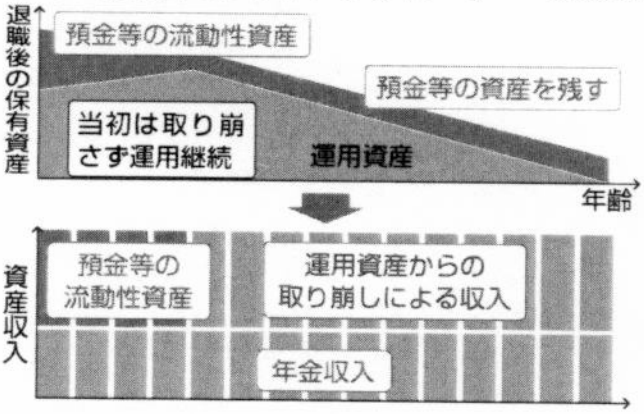

バッファー資産を退職後の初期に活用しつつ、一部を残すアイデア
=退職直後に有価証券比率が上昇することを許容

（出所）合同会社フィンウェル研究所作成

そのアイデアのイメージが前図（上段「バッファー資産で補填」）だ。上段に運用資産とバッファー資産の残高を示し、下段には毎年の引き出し額を示す。岩盤となる年金収入だけでは足りない部分を、運用資産から毎年取り崩していく。そして収益率が想定を下回ったタイミングでは、バッファー資産から生活費を補填して取り崩し額をできるだけ安定させる。

バッファー資産を万が一のための予備資産とするなら、できるだけ使わないでおくのが一般的な考え方だろう。当初は運用資産を取り崩し、足りなくなったら、残りの人生の生活費をバッファー資産で充当する方法もある（前図中段「運用資産が途中で枯渇したら」）。ある程度の年齢まで運用資産の引き出しでカバーできれば、あとはバッファー資産でカバーし、「資産寿命 ∧ 自身の寿命」となるリスクを抑える。

バッファー資産だけでは不十分だと考える場合には、枯渇した段階から間違いなく最後まで生活をカバーできるようにその一部でアニュイティー（終身年金保険）を購入するのも手だ。ただ、アニュイティーで年間の収入は確保できても、手元に資産がなくなり不安を覚える人もいるだろう。同様に、住んでいる住宅を担保に生活資金を借り入れるリバースモーゲージを、バッファー資産として活用することも一案だが、利用条件がなかなか厳しいという問題がある。

ここまでの方法だとバッファー資産を長く保有することになる。現状の金利水準では銀行預金をそれに使うのは躊躇するだろう。その代替商品として、米国では配当を重視した株式を用いることもある。ハイリスクの代名詞である株式だが、長期投資に耐えうる配当重視の優良な銘柄を長く保有することで、インカムリターンも確保できるバッファー資産とする考え方だ。配当を生活費に充当すれば運用資産の取り崩し抑制にも寄与できる。日本では、個別株式ではなく、株式ＥＴＦで代替できるだろう。価格の変動はあるが、ＥＴＦの分配金は組み入れ株式の配当金だけが原資となるため、元本に手をつけることはない。

最後に心理的ハードルは高いかもしれないが、バッファー資産を最初に取り崩す方法を紹介したい。収益率配列のリスクは、使いながら運用する始めの５〜１０年ごろの運用成績がカギを握る。そこで、その時期は運用資産に手をつけず、バッファー資産を先に取り崩していく。もちろんバッファー資産をすべて初期に使い果たすのではなく、運用資産の安定的な拡大が見込めるまでバッファー資産の多くを生活費に充当する（前図下段「より受け入れやすいアプローチ」参照）。

こうすると、金融資産全体における運用資産（リスク性資産）の比率は、退職から5～10年は上昇する。現役時代から通して見ると、その比率は退職に向けて低下し、退職時に最も低くなる。しかし退職後は徐々に上昇に転じていく。新しい時代には、「加齢に伴ってリスク性資産の比率を低下させる」以外のアイデアも考える必要があるかもしれない。

野尻哲史（のじり・さとし）

一橋大学卒業後、内外の金融機関を経て2019年から現職。退職世代向けのお金との向き合い方に特化して情報発信を行う。『ＩＦＡとは何者か』（共著）など著書多数。

今からできる最新節税術

マネーライター／一般社団法人かぶきライフサポート理事・小林義崇

毎年かかる所得税や住民税を節税したいと思ったことはないだろうか。その手法はいくつかあるが、得するものもあれば、最終的に損してしまうものもある。

例えば個人事業主は必要経費を増やして節税しようと考えがちだ。しかし、これはいい方法ではない。5万円の物品を買ったとしたら、その節税効果は所得税と住民税を合わせて約7500円から最大2万7500円にとどまる。必要経費のために出したお金を節税で取り戻すことはできない。

意味のある節税は大きく分けて2種類ある。「実質的にお金が減らない節税」と「生活費と絡めた節税」だ。まずは前者を説明しよう。

実質的にお金が減らない節税方法の筆頭が、iDeCo（個人型確定拠出年金）だ。節税効果は大きく、月々の掛け金を全額所得控除として課税所得から差し引ける。また、iDeCoから生じる運用益は非課税で、受け取る老齢給付金は退職金もしくは公的年金扱いとなり、控除が適用される。

iDeCoを薦める最大のポイントは、掛け金が全額所得控除になるにもかかわらず、その掛け金が将来的に戻ってくる点にある。必要経費を無理に増やす節税方法は最終的に損をする可能性が高いが、iDeCoであれば安心だ。なお、投資の運用益が非課税になるという点ではNISAやつみたてNISAなども効果的だが、投資額が所得控除にはならないため、節税効果はiDeCoより劣る。

2022年の法改正により、iDeCoの使い勝手は向上している。加入可能年齢の上限が60歳未満から65歳未満に上がったのだ。

◆ 加入可能期間が延長される

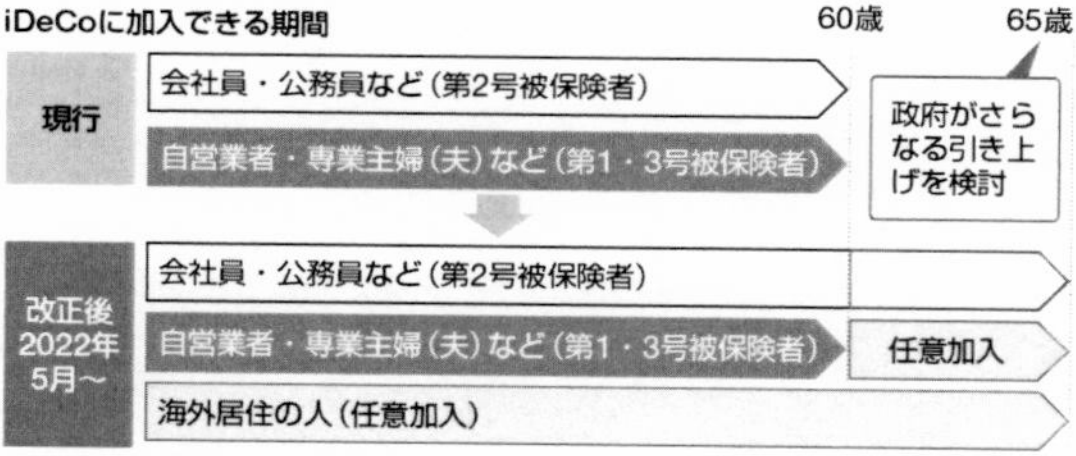

（出所）iDeCo公式サイトを基に作成

また、岸田政権はｉＤｅＣｏのさらなる加入可能年齢の引き上げを検討していると報じられている。加入可能年齢が上がれば、老後もｉＤｅＣｏを使った節税が可能となるため、65歳以降も働きたいと考える人や、高齢になっても賃貸収入などの所得がある人にとっては前向きな変化だろう。

節税策として次に薦めるのが、「生活費と絡めた節税」だ。普段の生活の中で支払わなければいけないお金を、所得控除として活用できる場合がある。

病院に多く通うのであれば、その領収書を取っておいて確定申告をすると医療費控除を使った節税ができる。ドラッグストアで購入した特定の医薬品が世帯合計で年間1万2000円を超えていれば控除となる「セルフメディケーション税制」も検討したいところだ。

住宅の購入や増改築も節税のチャンスだ。住宅借入金等特別控除（住宅ローン減税）の要件を満たせば、住宅ローンの年末残高の0・7％分（最大35万円）の節税効果を13年間分得られる。税制改正により住宅ローン減税の控除率は従来よりも下がったが、今なお大きな節税につながることは間違いない。例えば22〜23年に新築の長期優良住宅または低炭素住宅に入居した場合、13年間の節税効果は最大455万円に上る。

特殊な節税は封じられる

特殊な取引を行って節税効果を得るスキームは確かに効果的だが、法改正により封じられる可能性を視野に入れる必要がある。例えば20年度税制改正では、個人が海外不動産を購入し、その購入費を利用して税負担を軽減する節税スキームが使えなくなった。

そして最新の税制改正で封じられたのが、ドローンやLED、建設現場用の足場といった10万円未満の物品を購入し、これをレンタル事業会社に貸し出してレンタル収益を得る方法だ。

この節税スキームは減価償却のルールによって可能になる。本来、事業のために用いる建物や器具、車などの資産は減価償却資産として、定められた年数に分けて経費に計上される。300万円の車を買ったとしても、300万円分をすぐに必要経費として計上できるわけではない。しかし、購入金額が10万円未満なら少額減価償却資産として、取得した年に一括で必要経費にできる。

この仕組みを利用すると、税負担を意図的に操作できる。例えば、年間の課税所得を400万円ほど減らしたいとする。このとき1台8万円のドローンを50台、400万円分購入して貸し出し、全額を経費に計上すれば税負担が減る。

このような少額減価償却資産を利用した節税スキームが流行していたが、22年4月に施行された税制改正で封じられた。貸付事業を本業とするリース事業者などは対象から外れたが、本業を別に持つ事業者や個人が節税のために貸付用ドローンなどを買っても従来のような節税効果はない。

法の穴を突く節税策はいずれ法改正で封じられる。iDeCoや住宅ローン減税のようなオーソドックスな節税から取り組むべきだ。

小林義崇（こばやし・よしたか）
東京国税局の国税専門官として、相続税の調査や所得税の確定申告対応などに従事。2017年にフリーライターに転身。著書に『絶対トクする！　節税の全ワザ』など。

COLUMN

路線価認めず「タワマン節税裁判」の顛末

2022年4月、相続税に関して最高裁判所が重要な判決を下した。事案の発端は、札幌市の男性が東京都内などのタワーマンション2棟を計13億8700万円で購入した後に死亡し、マンションなどを取得した相続人が「税額ゼロ」として相続税申告を行ったことにある。

税額ゼロの相続税申告書を受けて、札幌南税務署は独自に不動産を鑑定して相続税を再計算し、およそ3億3000万円を追徴課税した。この処分を不服として相続人が司法に訴え出たところ、一審、二審と敗訴し、このたび最高裁が上告を退けた。

約14億円のマンションを相続したにもかかわらず、税額ゼロで相続税申告が行われたのは、不動産の評価額と時価の乖離に起因する。今回の事案では、評価額よりも、物件購入のために被相続人が組んだローンの残債のほうが高く、これにより相続税がゼロになるとしたわけだ。

今回の最高裁判決が注目を集めているのは、原則的な評価方法である路線価を用いた方法で相続税の申告をしたにもかかわらず、それが認められなかったためである。

相続税の評価に関しては、「財産評価基本通達」という判断基準があり、市街地の宅地については路線価による評価を原則としつつ、「この通達の定めによって評価することが著しく不適当と認められる財産の価額は、国税庁長官の指示を受けて評価する」と規定する。今回の札幌南税務署による税務処分は、この規定に基づき行われたものだ。

最高裁の判決文を読むと、被相続人に相続税の負担軽減の意図があったことなどが考慮されており、行きすぎた節税と判断され、税務署側の勝訴になったと考えられる。

（小林義崇）

最新！ 相続税対策の要点

マネーライター／一般社団法人かぶきライフサポート理事・小林義崇

相続税対策の基本は、課税対象となる財産を減らすことにある。そのための代表的な方法が、「不動産の活用」と「生前贈与の活用」だ。まずは不動産が相続税の節税につながる根拠について説明していきたい。

相続税は、被相続人が亡くなった時点（相続開始日）において所有していた財産等を基準としてかかる税金だ。預貯金や不動産、有価証券など、ほぼあらゆる財産が相続税の対象となる。

相続税の計算を行う際、現金や預貯金であれば故人の相続開始日の残高を簡単に確認できるが、不動産の場合はそうはいかない。国税庁が出している財産評価基本通達のルールにしたがって評価計算を行う必要がある。

この評価計算により算出された評価額は必ずしも時価と一致しない。土地であれば評価額が時価の80％程度になるのが一般的だ。

所在地などの条件によっては、時価と評価額の乖離はさらに広がる。とくに部屋数の多いタワーマンションの場合、敷地全体の評価額を各部屋の専有面積で分けて計算することから、1部屋当たりの評価額は低くなる。また、所有する部屋の階層は相続税の評価計算には影響しないが、実際の取引価格には反映されることから、高い階層ほど時価と評価額の差が大きくなる。この仕組みを利用した節税方法が、いわゆる「タワマン節税」だ。


不動産を活用して節税できる余地はまだある。自己所有の土地の上に自分で賃貸用の建物を建てた場合や、賃貸マンションを所有する場合、その土地や建物の評価額は自用地（自宅敷地など）よりも下がる。これは、物件の借り手に生じる権利（借地権・借家権）を差し引けることに起因する。また賃貸物件を相続すれば相続人が家賃収入を得られる点も、節税の話ではないがメリットとしてある。

そして、非常に節税効果が大きい「小規模宅地等の特例」を利用できることも重要なポイントだ。特例の条件はいくつかあるが、クリアすれば最大80％の宅地の評価額を減額できる。

小規模宅地等の特例には複数のパターンがあり、例えば被相続人や同じ生計の親族が住んでいた宅地であれば、330平方メートルを限度に80％減額、貸し付けをしていた土地であれば200平方メートルを限度に50％減額となる。

ここまでの話をまとめると、自宅や賃貸物件のように、時価よりも評価額が大幅に下がる不動産を所有することが、相続税の大幅な節税につながるということだ。

◆ **不動産は評価額が大きく下がる**

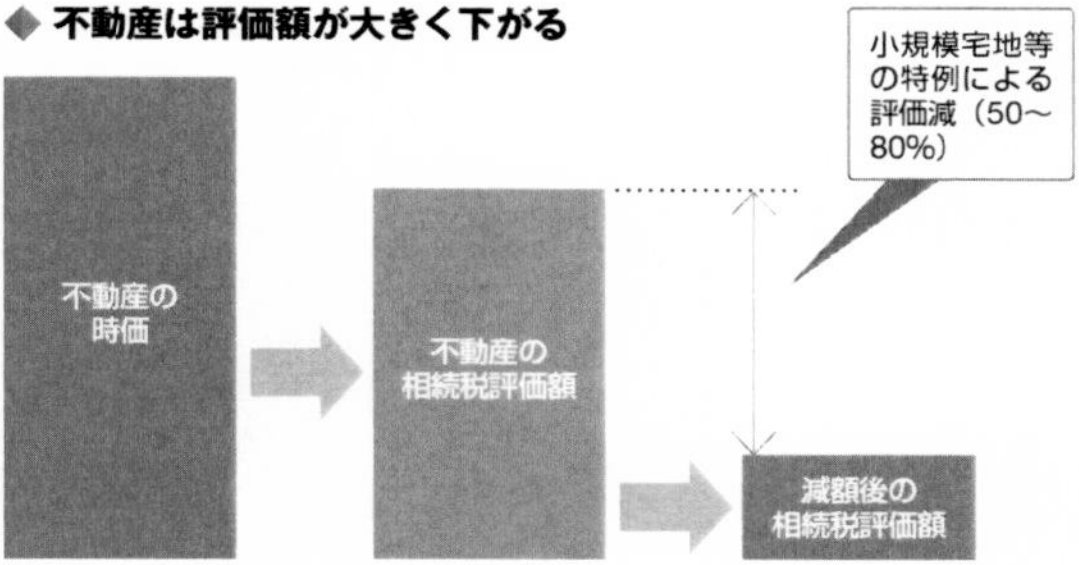

ただし、ここで1つ注意が必要だ。前述した「タワマン節税裁判」を受け、不動産を活用した過度な節税に対して税務署のチェックがさらに厳しくなる可能性が高い。例えば亡くなる直前に明らかに相続税対策として不動産を購入した場合、税務署は時価に基づいて相続税を算定する可能性がある。すると前述した不動産を活用した相続税の節税効果は消滅してしまう。

そういった可能性を考えると、相続直前に不動産を購入するのはリスクが高いといえる。相続税対策として不動産購入を検討しているのであれば、早めに税理士に相談し、最新の法改正や国税当局の動向などを踏まえて動くことを勧めたい。

生前贈与は難しくなる?

次に説明する相続税対策が、「生前贈与」だ。この仕組みはシンプルで、あらかじめ財産を配偶者や子などに生前贈与して、相続税の対象となる財産を減らすという方法だ。

注意が必要なのは、生前贈与を行った場合、贈与された人に贈与税がかかるという点だ。生前贈与を行うのであれば、節税できる相続税と、発生する贈与税のバランスを比較しなくてはならない。税率を比べれば相続税よりも贈与税のほうが高いため、生前贈与をした結果、かえって税負担が重たくなる可能性があるからだ。

そこで活用したいのが、贈与税の非課税枠である。贈与税の原則的な計算方式である暦年課税の場合、年間110万円の基礎控除を使え、この金額以内に収めれば非課税となる。

例えば10年間にわたり、3人の子どもに毎年110万円を贈与したとしよう。すると、相続税の対象となる財産を計3300万円も減らせる。

この方法を使うときに気をつけなくてはならないのは、「相続開始前3年以内の贈与」は相続税の対象になるというルール。相続税対策のために生前贈与を行ったとしても、その3年以内に贈与者が亡くなった場合、贈与がなかったと見なされる。これが「相続開始前3年以内の贈与加算」だ。

贈与加算となった場合、たとえ年間110万円以下の生前贈与であったとしても相続税の対象となる。したがって、例えば死期が近いことを悟り、慌てて生前贈与をしたところで、ほとんど相続税対策にならない。

なお、この贈与加算の対策として、「配偶者控除」「住宅取得資金の特例」といった贈与税の特例を用いることもできる。自宅の名義を配偶者に移したり、子や孫の住宅取得資金として贈与を行ったりするのであれば、贈与税の非課税枠を増やせるうえ、贈与加算の適用外となる。また、子の配偶者のような相続人にならない人に対する贈与も、贈与加算の対象外だ。

今後の動向として注意したいのは、贈与加算のルールについて法改正によるメスが入る可能性が高まっている点だ。

前述のとおり贈与税に高い税率が設定されているのは、生前贈与による相続税の過度な節税を防ぐためだ。しかし、現実には年間110万円の非課税枠を活用して税負担を下げることができる。今は長寿化により、生前贈与を活用した相続税対策を行える期間が長くなっている事情もあり、これを放置しておけば、富裕層とその他の人々との間にある経済格差の拡大につながりかねない。

こういった理由から、今後、相続税に取り込まれる生前贈与の期間が、現行の相続開始前3年以内から、5年以内や10年以内といった形に拡大される可能性は十分に考えられる。

少子高齢化が続き、経済が縮小する日本において、税収としての相続税の重要性は高まっており、今後の法改正で相続税対策の選択肢は減っていくことが予想される。相続税の節税を考えるのであれば、法改正を見越して早めに対策を実行する必要があるだろう。

歴史に学ぶインフレと株価

経済評論家・加谷珪一

全世界的に物価上昇が進んでいることから、長くデフレが続いた日本でもインフレへの関心が高まっている。ここまで顕著な物価上昇というのは約40年ぶりであり、価値観の大きな転換を迫られているのは間違いない。

長い時間軸で見れば、ほとんどの期間を通じて物価は上昇しており、物価が下落もしくは横ばいで推移するというのは極めてまれである。少なくとも戦後の主要国において30年もデフレが継続したのは日本だけである。つまり、経済成長を背景とした物価の継続的な上昇は戦後の世界経済では当たり前の現象であり、成長を伴うインフレはむしろ歓迎されてきた。

では、なぜここに来て、各国の市場関係者がインフレを強く懸念しているのだろうか。その理由は、物価上昇が成長スピードを超え、不景気とインフレが同時発生する事態が予想され始めたからである。不景気下のインフレのことをスタグフレーションと呼ぶが、用語の厳密な定義はともかく、目下最大の関心事は世界経済がスタグフレーションに陥るかどうかである。

インフレと成長鈍化の両立と聞いて最初に思い浮かぶのは、１９７０年代に米国を苦しませたスタグフレーションだろう。７０年代のスタグフレーションは、産油国による原油価格の引き上げ（オイルショック）がきっかけとされている。だが、当時のインフレについて原油価格の上昇を背景とした単純なコストプッシュ・インフレと捉えてしまうと状況を見誤る。

◆ **1960～70年代は株価が伸び悩んだ**

—1960～70年代の米国における消費者物価指数と株価—

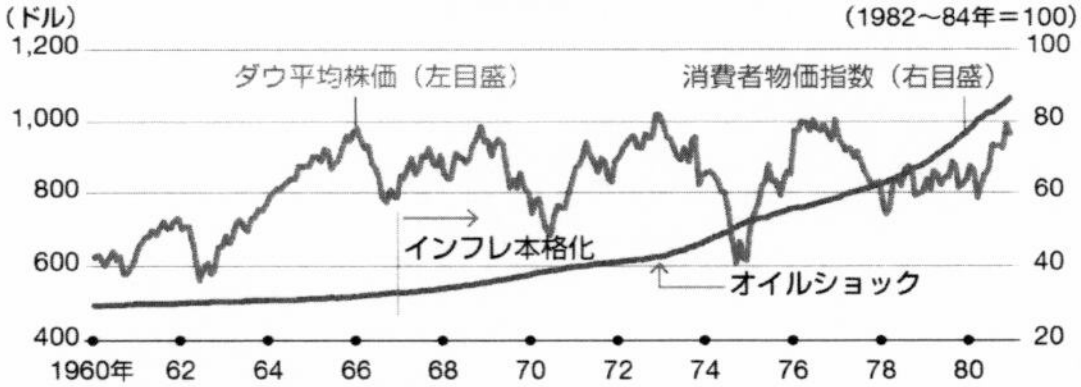

（出所）米労働省などの資料を基に筆者作成

前図は1960〜70年代における米国の消費者物価指数の推移を示したものである。確かに激しい物価上昇はオイルショック以降、顕著となっているが、インフレ自体はオイルショック前から始まっていたことがわかる。

では、オイルショックがインフレの引き金ではないとすると、何がここまでの物価上昇をもたらしたのか。真犯人は1971年に発生した米国によるドルと金の兌換停止措置、ニクソンショックだ。

米国企業の競争力低下やベトナム戦争による財政悪化で、米ドルには大きな下落圧力がかかっていた。当時の為替相場は固定相場制（ブレトンウッズ体制）だったことから、各国の投資家はドルの信用不安を背景に金との兌換を要求。金の大量流出という事態に直面したニクソン政権は突如、ドルと金の兌換を停止し、ブレトンウッズ体制は崩壊した。

ドルの価値は一気に下落し、市場には大量のドルが流通。通貨高に直面したドイツや日本は、市場の混乱を防ぐ目的で巨額の流動性供給を行ったので、円やマルクも市場に出回った。つまりオイルショックが始まる73年の段階において、すでに市場は大量のマネーであふれかえっていたのである。

原油価格が商品価格に与える影響は大きいものの、単一品目の価格が上がっただけで、全体の物価が継続的に上昇することは通常、ありえない。大規模なインフレの背景には、必ずといってよいほど貨幣的要因が存在すると考えたほうがよく、それは今の時代においても同じことである。


今、進んでいるインフレにおける貨幣的要因は、各国の量的緩和策である。リーマンショック以降、各国の中央銀行は国債を大量購入し、市場には巨額のマネーが供給された。つまり数年前から物価は上がりやすい状況が続いており、ここに原油価格や食料価格の高騰が加わったことで、今回のインフレにつながった。一部の関係者がオイルショックの再来を強く警戒しているのはこれが理由である。

もし今回のインフレがオイルショックと同様、貨幣的要因を背景としたものである場合、インフレの抑制は容易ではない。経済学の理論上、インフレが発生すると総供給曲線が左にシフトするので、総需要曲線との均衡点も左上にシフトし、価格上昇と

ＧＤＰ（国内総生産）減少（つまり景気の悪化）が同時に起こる。景気悪化を防ぐために財政出動すると今度は総需要曲線が右にシフトし、物価をさらに押し上げる。つまりインフレ時に景気対策を実施すると物価上昇が加速してしまう。インフレが深刻化した場合、景気対策を実施したくてもできないという八方ふさがりの状況に陥る可能性もある。

結局、当時の米国は新たにＦＲＢ（米連邦準備制度理事会）議長に就任したポール・ボルカー氏による荒療治（政策金利を２０％以上に引き上げた）で何とかインフレを退治したものの、景気は一気に冷え込んだ。この状態から経済を復活させるためには、物価高でも従来と同じ生産を実現できるよう、供給力を強化するしかない。だが、米国がそれを実現し、経済を再び成長軌道に乗せることができたのはレーガン政権末期の８０年代後半だった。つまり、激しいインフレの克服には２０年以上の時間がかかった計算になる。

インフレに敗れた株価

1970年代のダウ平均株価はボックス圏が続いており、株価は物価に負けていたことがわかる。インフレ発生時に現金貯蓄や債券投資が御法度なのはもちろんのこと、インフレヘッジ資産とされる株式であっても必ずしも有利とは限らない。今回は株価が極めて高い状態でインフレに突入しつつあるので、横ばいではなく大幅な調整を伴う可能性もある。基本的にインフレ時代の資産運用は「守り」であり、積極的な「攻め」は期待できないと考えるべきだ。

◆ FRBによる緩和マネーの拡大とともに株価は上昇
—過去20年間のダウ平均株価とマネタリーベース—

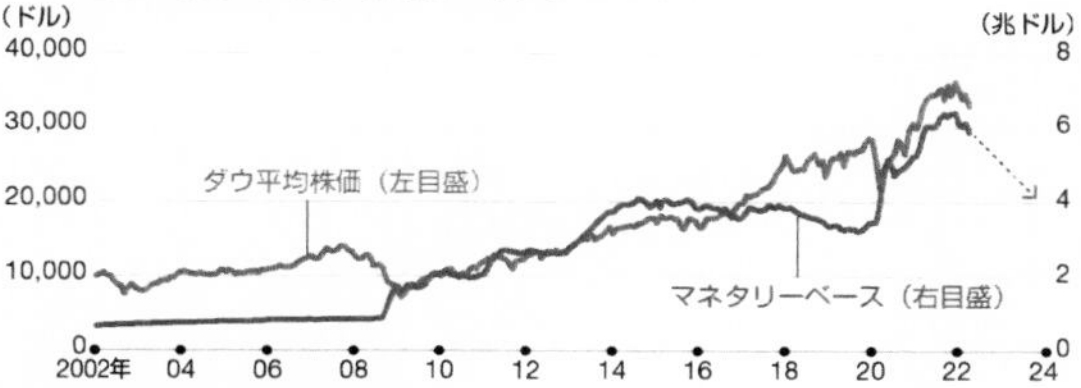

(出所) FRBなどの資料を基に筆者作成

前図は過去20年間におけるFRBのマネタリーベースとダウ平均株価の推移だ。量的緩和策の開始をきっかけに急激にマネタリーベースが増加し、それに伴って株価も上昇したことがわかる。

FRBは金融正常化を目的に、月額950億ドルのペースでバランスシートを縮小する方針であり、マネタリーベースは今後、急速にしぼんでいく。これだけでも株式市場には相当なインパクトだが、米国のインフレがさらに加速した場合、FRBはマネーの回収をさらに急ぐだろう。軟着陸できる可能性は残されているが、楽観は禁物と筆者は考える。

加谷珪一（かや・けいいち）
日経BP社記者を経て、野村証券系の投資ファンド運用会社で企業評価や投資業務に従事。その後、コンサルティング会社を設立。『お金は「歴史」で儲けなさい』など著書多数。

【週刊東洋経済】

本書は、東洋経済新報社『週刊東洋経済』2022年7月2日号より抜粋、加筆修正のうえ制作しています。この記事が完全収録された底本をはじめ、雑誌バックナンバーは小社ホームページからもお求めいただけます。

小社では、『週刊東洋経済eビジネス新書』シリーズをはじめ、このほかにも多数の電子書籍ラインナップをそろえております。ぜひストアにて「東洋経済」で検索してみてください。

『週刊東洋経済eビジネス新書』シリーズ

No.398　無敵の話し方
No.399　EV　産業革命
No.400　実家のしまい方
No.401　みずほ　解けない呪縛
No.402　私大トップ校　次の戦略

No.403　ニッポン再生　7つの論点
No.404　マンション管理
No.405　学び直しの「近現代史」
No.406　電池　世界争奪戦
No.407　定年格差　シニアの働き方
No.408　今を語る16の視点　2022
No.409　狙われる富裕層
No.410　ライフシフト超入門
No.411　企業価値の新常識
No.412　暗号資産&NFT
No.413　ゼネコン激動期
No.414　病院サバイバル
No.415　生保　最新事情
No.416　M&Aマフィア

No.417　工場が消える
No.418　経済超入門　2022
No.419　東証　沈没
No.420　テクノロジーの未来地図
No.421　年金の新常識
No.422　先を知るための読書案内
No.423　欧州動乱史
No.424　物流ドライバーが消える日
No.425　エネルギー戦争
No.426　瀬戸際の地銀
No.427　不動産争奪戦

週刊東洋経済eビジネス新書　No.428

インフレ時代の資産運用&防衛術

【本誌（底本）】

編集局　林　哲矢、大竹麗子、宇都宮　徹

デザイン　dig（成宮　成、山﨑綾子、峰村沙那、坂本弓華）

進行管理　平野　藍、岩原順子

発行日　2022年7月2日

【電子版】

編集制作　塚田由紀夫、長谷川　隆

デザイン　市川和代

表紙写真　尾形繁文

制作協力　丸井工文社

発行日　2023年7月13日　Ver.1

発行所　〒103-8345
東京都中央区日本橋本石町1-2-1
東洋経済新報社
電話　東洋経済カスタマーセンター
03（6386）1040
https://toyokeizai.net/

発行人　田北浩章

電子書籍化に際しては、仕様上の都合などにより適宜編集を加えています。登場人物に関する情報、価格、為替レートなどは、特に記載のない限り底本編集当時のものです。一部の漢字を簡易慣用字体やかなで表記している場合があります。本書は縦書きでレイアウトしています。ご覧になる機種により表示に差が生じることがあります。

本書に掲載している記事、写真、図表、データ等は、著作権法や不正競争防止法をはじめとする各種法律で保護されています。当社の許諾を得ることなく、本誌の全部または一部を、複製、翻案、公衆送信する等の利用はできません。

もしこれらに違反した場合、たとえそれが軽微な利用であったとしても、当社の利益を不当に害する行為として損害賠償その他の法的措置を講ずることがありますのでご注意ください。本誌の利用をご希望の場合は、事前に当社（TEL：03－6386－1040もしくは当社ホームページの「転載申請入力フォーム」）までお問い合わせください。

※本刊行物は、電子書籍版に基づいてプリントオンデマンド版として作成されたものです。